Felix Weltsch · Religion und Humor

Felix Weltsch

Religion und Humor im Leben und Werk Franz Kafkas

LANGENMÜLLER

Umschlaggestaltung: Wolfgang Heinzel
Umschlagfoto: akg-images, Berlin
Satz: Satzwerk Huber, Germering
Druck und Binden: Friedrich Pustet GmbH & Co. KG, Regensburg
Printed in Germany
ISBN: 978-3-7844-3714-9

www.langenmueller.de

Inhalt

Der Humor

Der Mensch

Lebensabriß

Als Franz Kafka starb, war er fast unbekannt; auch in seiner Heimatstadt wußte man nicht viel von ihm. Heute kennt ihn die ganze Welt, gilt er als einer der führenden Repräsentanten unserer Zeit. Die wichtigsten geistigen Strömungen führen ihn als Kronzeugen an, sein Werk beeinflußt das Schrifttum vieler Völker. Man begegnet seinem Namen in jedem Buch, das den heutigen Menschen und seine existentielle Lage behandelt und fast jedem kulturphilosophischen oder literarischen Aufsatz. Seine Wirkung ist bis in die Unterhaltungsliteratur gedrungen, in deren Bereich man unheimliche, aber bedeutsame Situationen mit dem Wort „kafkesque“ bezeichnet. Das Schrifttum, das sich um seinen Namen rankt, ist heute bereits unübersehbar, die Summe der Interpretationen seiner Werke ebenso zahlreich wie bunt.

Kafka ist im Jahre 1883 in Prag geboren und hat fast seine ganze Lebenszeit in dieser romantischen Stadt verbracht, in der sich Ost und West, deutsche, tschechische und jüdische Kultur so seltsam mischten. Kafka war Jude; nach dem Besuch mehrerer deutscher Schulen studierte er an der Prager deutschen Universität die Rechtswissenschaften. Als Doktor juris dann Sekretär der öffentlichen Arbeiter-Unfall-Versicherungsanstalt, war er – von seinen Vorgesetzten geschätzt, von seinen meist tschechischen Kollegen geliebt – ein guter Beamter. Seine Gutachten befaßten sich zumeist mit den Problemen der Unfallverhütung und zeichneten sich durch Klarheit und Originalität zugleich aus. Zurückgezogen lebend, an allen Fragen des Lebens, der Kunst und der Politik lebhaft interessiert, der Literatur leidenschaftlich ergeben, verkehrte er meist nur mit seinem engeren Freundeskreis, zu dem insbesondere Max Brod, der blinde Dichter Oskar Baum und der Verfasser dieser Zeilen gehörten.

Während seiner kurzen Lebenszeit hat Franz Kafka wenig veröffentlicht und auch dies sehr widerstrebend, nur dem Drängen seiner Freunde, insbesondere Max Brods, nachgebend. Was er schrieb, übergab er meist ihm zur Aufbewahrung; bei ihm fanden sich bei Kafkas Tod auch die meisten seiner Manuskripte, die Max Brod mit einer ausführlichen Biographie Franz Kafkas nach und nach herausgegeben hat.

Franz Kafka lebte fast die ganze Zeit im Hause seiner Eltern, das von Kafkas Vater beherrscht wurde, einem starken und robusten Mann, der ein erfolgreicher Geschäftsmann war und für Literatur nicht das geringste Interesse besaß. Die überragende Macht dieses Vaters bildete, wie noch zu zeigen sein wird, ein wesentliches Element in Kafkas Schicksal. Für den Vater war er ein Mensch, der für das praktische Leben untauglich war. Die Mutter liebte den Sohn, zeigte wohl auch ein intuitives Verständnis für seine besondere Veranlagung, war dem starken Vater gegenüber aber viel zu schwach. Kafka hatte drei Schwestern; auch sein Verhältnis zu ihnen wurde von der Macht des Vaters überschattet. Ottla, die jüngste und begabteste der Schwestern, bewies ein besonderes Verständnis für ihren Bruder Franz. Um ihn aus der bedrückenden Atmosphäre des Elternhauses zu retten, mietete sie ihm eines der Zwerghäuschen, die sich auf der Prager Burg im sogenannten Alchimistengäßchen befanden; dort hat Kafka längere Zeit gearbeitet. Später mietete er in einem Prager Adelspalast eine kleine Gartenwohnung, aber gerade dort wurde er in seinem 34. Lebensjahr von einem Blutsturz überrascht. Er war schon früher leidend gewesen, hatte stets über Kopfschmerzen und Schlaflosigkeit geklagt. Nach seiner bald als Tuberkulose erkannten Erkrankung ließ er sich pensionieren und versuchte, mit seiner Schwester auf dem Lande zu leben. Trotz des Aufenthaltes in mehreren Lungenheilstätten machte die Krankheit weitere Fortschritte. In seinem letzten Lebensjahr lebte er mit Dora Dymant, einem ostjüdischen Mädchen, in Berlin. Aber das endlich erlangte Glück eines eigenen Heimes war nicht von Dauer. Der entbehrungsreiche Inflationswinter 1923 in Berlin bedeutete für seine schwache Gesundheit eine viel zu schwere Belastung. Sein Zustand verschlimmerte sich schnell. Er konnte nur noch in großer Eile in ein kleines Sanatorium in Österreich gebracht werden, wo er, 41 Jahre alt, am 3. Juni 1924 starb.

Die Krankheit

Die letzten sieben Lebensjahre Kafkas waren von dieser Krankheit überschattet. Er hegte wohl selber den Wunsch, gesund zu werden, wenn er auch andererseits die Krankheit als eine Art Erleichterung seiner Lebensprobleme empfand. Einige Briefe, die der Verfasser in dieser Zeit von Kafka erhielt, werfen auf die ambivalente Einstellung Kafkas zu seiner Krankheit und auf die Zeit seines Landlebens manches charakteristische Licht. Oktober 1917 schreibt er:

„Ich fühle die Krankheit in ihrer Anfangserscheinung mehr als Schutzengel denn als Teufel. Aber wahrscheinlich ist gerade die Entwicklung das Teuflische an der Sache und vielleicht erscheint dann im Rückblick das scheinbar Engelhafte als das Schlimmste.

Gestern kam ein Brief von Doktor Mühlstein, ... in welchem es unter anderem heißt: Besserung (!) können Sie sicher erwarten, allerdings wird sie nur in längeren Intervallen zu konstatieren sein.

So haben sich allmählich meine Aussichten bei ihm getrübt. Nach der ersten Untersuchung war ich fast ganz gesund, nach der zweiten war es sogar noch besser, später ein leichter Bronchialkatarrh links, noch später, um nichts zu verkleinern und nichts zu vergrößern‘, Tuberkulose rechts und links, die aber vollständig und bald ausheilen wird, und jetzt schließlich kann ich einmal Besserung sicher erwarten. Es ist, als hätte er mir mit seinem großen Rücken den Todesengel, der hinter ihm steht, verdecken wollen, und als rücke er jetzt allmählich beiseite. Mich schrecken (leider?) beide nicht.“

Ein andermal schreibt er mir – offenbar hatte ich ihm etwas vom Willen zur Gesundung geschrieben und gegen seine Theorie über die Ursache seiner Erkrankung polemisiert –:

„Hinsichtlich der Ursachen der Krankheit bin ich nicht eigensinnig, bleibe aber, da ich doch gewissermaßen im Besitze der Originaldokumente bin, bei meiner Meinung und ich höre, wie sogar die zunächst beteiligte Lunge förmlich zustimmend raschelt.

Zur Gesundung ist, da hast Du natürlich recht, vor allem der Gesundungswille nötig, den habe ich; allerdings, soweit sich dies ohne Ziererei sagen läßt, auch den Gegenwillen. Es ist eine besondere, wenn man will, eine verliehene Krankheit, ganz anders als alle, mit denen ich es bisher zu tun hatte. So wie ein glücklicher Liebhaber etwa sagt: Alles Frühere waren nur Täuschungen, jetzt erst liebe ich."

Das Leben auf dem Lande sagt ihm zu, er empfindet es beruhigend, sieht es gleichsam als Ruhepause an und betrachtet es mit Humor. In der selben Zeit etwa schrieb er: „Ich lese im ganzen nicht viel, das Leben auf dem Dorf ist mir so entsprechend. Hat man erst einmal das Gefühl mit allen seinen Unannehmlichkeiten überwunden, in einem nach neueren Prinzipien eingerichteten Tiergarten zu wohnen, in welchem den Tieren volle Freiheit gegeben ist, dann gibt es kein behagliches und vor allem kein freieres Leben als auf dem Dorfe, frei im geistigen Sinne, möglichst wenig bedrückt von Um- und Vorwelt. Ich wollte immer hier leben ... “

Und in einem anderen Briefe:

„Mein Leben hier ist ausgezeichnet; ich habe zwar kein sonniges Zimmer, aber einen großartigen Sonnenplatz zum Liegen: eine Anhöhe, oder vielleicht eine kleine Hochebene, in der Mitte eines weiten halbkreisförmigen Kessels, den ich beherrsche. Dort liege ich wie ein König, mit den begrenzenden Höhenzügen in gleicher Höhe etwa. Dabei sieht mich infolge vorteilhafter Anlage der nächsten Umgebung kaum irgend jemand, was bei der komplizierten Zusammenstellung meines Liegestuhles und bei meiner Halbnacktheit sehr angenehm ist. Nur sehr selten steigen am Rande meiner Hochebene einige Köpfe auf und rufen: Gehns vom Bänkel runter! Radikalere Zurufe kann ich wegen des Dialekts nicht verstehen. Vielleicht werde ich noch Dorfnarr werden, der gegenwärtige, den ich heute gesehen habe, lebt eigentlich, wie es scheint, in einem Nachbardorf und ist schon alt.“

Doch weder Landaufenthalt noch Sanatorien brachten eine wesentliche Besserung. In seinem letzten Lebensjahr, das er überwiegend mit Dora Dymant in Berlin verbrachte, fühlte Kafka sich subjektiv wohl, bald aber verschlimmerte sich sein Zustand so, daß er auf Anraten der Ärzte zurückkehren mußte. Da sich zu seiner Lungentuberkulose auch noch eine Kehlkopftuberkulose gesellte, wurde er in eine Wiener Klinik gebracht, und bald erfuhren die Freunde von einem ihn dort behandelnden bekannten Arzt, daß man nur noch mit einer Lebensdauer von etwa drei Monaten rechnen könne.

Dort lag Kafka zuerst mit anderen Schwerkranken und Sterbenden in einem Raum. Man wollte ihm ein besseres Zimmer verschaffen, und auch Franz Werfel intervenierte bei dem behandelnden Professor. Der Professor antwortete nur: „Wer Kafka ist, weiß ich; das ist der Patient auf Nummer Soundso. Aber wer ist Werfel?" So brachte man denn Kafka in ein kleines Sanatorium in Kierling bei Wien. Dort hat er noch einige Wochen gelebt. Er hatte große Schmerzen, war aber keineswegs hoffnungslos. Dora Dymant und Doktor Robert Klopstock, ein ärztlicher Freund, pflegten ihn mit größter Sorgfalt und Liebe. In ihren Armen ist er gestorben. Kafka wurde am Prager Judenfriedhof unter einem schönen Grabstein beigesetzt. Später hat man in dem gleichen Grab seine

Eltern, die ihn beide überlebten, bestattet. So ruht er im Tode noch neben seinem Vater, von dem er schon im Leben nicht losgekommen war.

Die Frauen in Kafkas Leben

Kafka war zweimal mit demselben Mädchen, Felice Bauer, verlobt; das erste Mal 1914, das zweite Mal 1917. Beide Male endete es mit einer Entlobung, die zweite wurde durch seine schwere Krankheit begründet. Trotzdem stellten Ehe und Familie gerade das ideale Leben dar, das Kafka erstrebte. Daß er sich nicht zur Heirat entschließen konnte, hat verschiedene Gründe, die sich in seinen Dichtungen und Briefen nachweisen lassen: seine starke Gebundenheit an den Vater; seine Furcht, durch die Ehe im „Schreiben" behindert zu werden; seine Angst vor dem „Schmutz". Diese Ursachen seiner Heiratsfurcht führen mitten in die Problematik seines Lebens und Schaffens und werden im Folgenden noch gesondert zu untersuchen sein.

Im Jahre 1919 kam es zu einer neuen Verlobung mit einem anderen Mädchen, die aber auch nicht bis zur Heirat gedieh. Im Jahre 1920 schließlich trat er zu Milena Jesenská, einer verheirateten tschechischen Schriftstellerin, in Beziehungen, die bis 1922 währten und dadurch ihren Abschluß fanden, daß Milena ihren Mann nicht verlassen wollte.

Im Jahre 1923 lernte Kafka dann Dora Dymant kennen, mit der er sein letztes Lebensjahr in Berlin verbrachte. Diese glückliche Zeit aber stand bereits unter der lähmenden Drohung seiner schweren Krankheit und dauerte nur wenige Monate bis zu seinem Tode.

Einen seltsamen Nachtrag zu Kafkas Biographie brachte das Jahr 1948. Nachrichten, die Max Brod damals erhielt, lassen es als wahrscheinlich erscheinen, daß Kafka einen Sohn gehabt hat. Der Knabe ist siebenjährig 1921 in München gestorben. Seine Mutter war keine der oben erwähnten Frauen, aber es liegen auch von ihr Briefe vor. Sie wurde im Jahre 1944 während der Judenverfolgung von einem deutschen Soldaten mit dem Gewehrkolben erschlagen. Von der Existenz des Knaben hat sie Kafka nie Mitteilung gemacht. Man kann sich vorstellen, was die Tatsache, einen Sohn zu haben, für Kafka bedeutet hätte. Es wird über diese Angelegenheit jedoch wohl kaum mehr zutage kommen, als was Max Brod in der dritten Auflage seiner Kafka-Biographie darüber mitteilt. Sie ist so seltsam wie eine der seltsamen Dichtungen Kafkas.

Kafka als Freund

Über Kafkas Verhältnis zu Frauen und über das Schicksal seiner Liebesbeziehungen ist viel geschrieben worden; über Kafka als Freund fast nichts. Und dennoch hat gerade die Freundschaft in seinem Leben eine wesentliche Rolle gespielt. Die Geschichte seiner Freundschaften trägt weit weniger problematischen Charakter als seine erotischen Erlebnisse. Er war ein Freund, wie man ihn sich nur wünschen kann, und hat selber einen Freund gefunden, wie man ihn sich nur wünschen kann: Max Brod. Die Geschichte dieser Freundschaft müßte noch geschrieben werden, denn sie gehört zu den klassischen Freundschaften in der Geschichte der Literatur.

Was Kafka für Max Brod bedeutete und Max Brod für Kafka, ist aus Kafkas Tagebüchern und seinen Briefen, aus Max Brods Büchern über Kafka – vor allem seiner Kafka-Biographie –, aus Max Brods Roman Zauberreich der Liebe, in dem er Kafka in der Figur des Richard Garta ein Denkmal setzte, und aus den verschiedenen Bemerkungen Brods zu seinen Ausgaben der Werke Kafkas zu ersehen. Brod ist viele Jahre hindurch Tag für Tag Kafkas Gesprächspartner gewesen, der seine Leiden und Freuden getreulich mit ihm teilte. Er liebte ihn, verstand ihn, half ihm und tröstete ihn, er riet ihm, regte ihn an, trieb ihn an. Max Brod wurde ein besonderes Talent zum literarischen Helfer verliehen. Er besitzt nicht nur die großartige Intuition, eine Begabung zu erkennen, er besitzt auch die Liebeskraft, ein Talent zur Entfaltung zu bringen, und besitzt ferner die weltliche Tüchtigkeit, das weltliche Geschick, für die Verbreitung der Werke seiner Schützlinge zu sorgen. Er hat es in vielen Fällen getan, in der Dichtkunst wie in der Musik, seine größte Tat aber war die Betreuung der Werke Kafkas.

Die Freundschaft Max Brods war mit der Fürsorge für Kafkas Schaffen aufs engste verbunden. In ihr kam eine ganz eigenartige Beziehung zum Werk eines Andern zum Ausdruck; er sorgte für dessen geistige Kinder vom Augenblick ihrer Geburt an, sorgte für sie in schwerer Zeit und ließ sie nie aus den Augen.

Brod hatte Kafkas Genie vom ersten Tage an erkannt und hat durch sein ganzes Leben in Wort und Schrift, in Vorträgen und in Verhandlungen mit den Verlegern unermüdlich darauf hingewiesen. Zwei Jahrzehnte lang hat sein Bemühen nur ein spärliches Echo gefunden. Im Verlauf zweier weiterer Jahrzehnte aber erlebte er einen Erfolg, wie er wohl nur ganz wenigen Bestrebungen im

Bereich der Literatur zuteil geworden ist, und wie er wohl den bescheidenen Kafka, der seine Schöpfungen ja zum größten Teil für mißlungen hielt, am meisten in Erstaunen gesetzt hätte.

Es war eine seltsame Angewohnheit Kafkas, daß er fast alle Manuskripte Max Brod zur Aufbewahrung übergab, freilich auf dessen Zutun. Kafka hat diesem Drängen Brods gern nachgegeben, da er wohl auch empfand, daß er seine Schriften vor sich selber schützen müsse und sie bei Max Brod am besten aufgehoben seien. Gar manches, was sich noch bei Kafka befand, hat er ja selber vernichtet. Auch seine Tagebücher hat er anderen, z. B. Milena Jesenská, übergeben und so ist zwar nicht alles, aber doch vieles davon erhalten geblieben. Max Brod hob alles auf und trug zusammen, was sich von Kafkas Arbeiten bei anderen befand. Nach Kafkas Tod fand sich in seinem Nachlaß ein Brief an Max Brod, in dem er ihm seine letzte Bitte mitteilt: Alles, was sich an Manuskripten, Tagebüchern und Briefen bei ihm oder anderswo befinde, restlos zu verbrennen. Max Brod hat diesen letzten Willen seines Freundes nicht erfüllt. Er hat im Gegenteil für die Veröffentlichung alles nur Erreichbaren Sorge getragen. Leicht ist es ihm nicht geworden, Kafkas Wunsch zuwider zu handeln. Er hat sich mit diesem sittlichen Problem ernstlich auseinandergesetzt, hat schwer mit sich gerungen und seine Entscheidung im Nachwort zum „Prozeß" aufs genaueste zu rechtfertigen versucht. Dort teilt er alle Gründe mit, die ihn schließlich zur Erkenntnis führten, daß er trotz dieses Briefes dem wahren Willen Kafkas mit der Veröffentlichung seiner Schriften nicht zuwiderhandele. Und man spürt, daß in dieser Untreue dem Wortlaut des Briefes gegenüber eine tiefere Treue dem Freunde Kafka gegenüber enthalten ist. Vielleicht läßt sich auf diese Tat eine der bekanntesten Dichtungen Kafkas, die Legende Vor dem Gesetz, in einem ganz bestimmten Sinn anwenden: Ein Mann steht, heißt es dort, vor dem Tor zum Gesetz, und obwohl er den Glanz des Gesetzes durch das Tor erblickt, getraut er sich nicht, dort einzutreten, weil ein mächtiger Türhüter ihn daran hindert. So bleibt er sein Leben lang vor dem Tor sitzen, bis er unmittelbar vor dem Tod, als es schon zu spät ist, erfährt, daß eben dies jenes Tor zum Gesetz war, das gerade für ihn allein bestimmt gewesen ist … Max Brod ist das Gegenbild dieses Mannes. Er trat in dieses Tor ein, obwohl es ihm der berufenste Türhüter verwehrte – Kafka selber. Brod hat wohl dennoch gefühlt, daß dieses Tor für ihn bestimmt gewesen ist.

Max Brod begann bald nach Kafkas Tod mit der Herausgabe seiner Werke. Das war keine leichte

Arbeit, da die Manuskripte durchaus nicht druckfertig waren, die Romane lediglich Fragmente darstellten, in denen es gestrichene Stellen und Kapitel und andere Probleme mancher Art gab. Noch schwieriger gestaltete sich die Arbeit bei den Notizen und Tagebüchern. Hier lagen Selbstgespräche vor, bei denen Kafka nicht an einen Leser gedacht hatte, und das gilt in weit stärkerem Maße für die Briefe, die aus einer bestimmten Situation an eine bestimmte Person gerichtet waren und in denen mancherlei stand, was sich auf noch lebende Menschen bezog. Hier galt es den schmalen Weg zwischen Gewissenhaftigkeit und Takt zu finden, und das war gerade bei Kafka nicht leicht; denn nichts Kafka Eigentümliches sollte verlorengehen und doch mußte gerade bei ihm auf das besondere Reinlichkeits- und Taktgefühl Rücksicht genommen werden, das ihm in so hohem Maße zu eigen war, und auf die Tatsache jenes Nachlaßbriefes, der gerade in persönlichen Dingen eine ernste Mahnung bedeutete.

Ich selber bin Kafka bereits auf dem Gymnasium begegnet; er saß eine Klasse höher, aber wir trafen uns im jüdischen Religionsunterricht, in dem immer zwei Klassen zusammengefaßt wurden. Aus dieser Zeit habe ich allerdings nur seine äußere Erscheinung in guter Erinnerung. Genauer habe ich ihn erst auf der Hochschule kennengelernt, und zwar durch Max Brod, durch den ich anfangs weit mehr über Kafka und seine Dichtung erfuhr als durch Kafka selber. Wir bildeten damals mit Oskar Baum eine kleine Gruppe, die viele Jahre hindurch mindestens alle vierzehn Tage zusammenkam, wobei Oskar Baum, Max Brod und seltener Kafka vorlasen, was sie in dieser Zeit geschrieben hatten. Kafka war ein wunderbarer Vorleser, aber auch ein nicht minder guter Zuhörer.

Was Kafka als Freund kennzeichnete, war die Gabe des Wohlwollens und Ernstnehmens. Es ist gar nicht leicht, diese beiden Einstellungen zu vereinen. Kafka vermochte es in erstaunlicher Weise. Dieser Mann, der gegen sich selber von äußerster Härte und Strenge war, war bei allem Ernst in seinem Urteil dem Freund gegenüber mild und entgegenkommend. Er, der die Arbeit an seinen großen Werken am liebsten mit dem Wort „Kritzeln“ abtat, nahm meine eigenen kleinen philosophischen Versuche zum Beispiel sehr ernst, schrieb in seinen Briefen immer großartig über „Deine Ethik“, zu der ich damals wohl einige Vorbereitungen traf, die aber nie druckreif geworden ist.

Ich hielt in der Zeit des ersten Weltkrieges eine Reihe von Kursen über philosophische und literarische Themen. Das geschah gerade zu jener Zeit, als Kafka außerhalb Prags weilte, und so fand ich unter seinen Briefen viele, in denen er voller Bewunderung über meine Vortragstätigkeit spricht, eigens nach Prag kommen will, um daran teilzunehmen, mich sogar ersucht, ihm gelegentlich Privatvorlesungen zu halten, im nächsten Brief freilich diesen Wunsch als für mich zu beschwerlich und weitgehend wieder zurücknimmt. Der Gedanke an meine Kurse verfolgte ihn bis in seine Träume, die er mir dann genau in der ihm eigenen Art schildert. Nicht weniger bewunderte er meine Leistungen als Leiter der Selbstwehr, einer zionistischen Zeitung, welche ich in den Jahren 1919-1938 redigierte. Er schrieb:

„Deine Arbeitsleistung und vor allem der Mut zu ihr und in ihr ist mir unbegreiflich. Und mit welcher Überlegenheit, Ruhe und Treue gegen Dich Du das Ganze führst. Von Deinen persönlichen Schmerzen nicht das geringste zu merken; so die Zeitschrift zu führen, heißt sich schon bei Lebzeiten verklärt sehen. Und dabei kann ich die politische Kunst kaum beurteilen."

In dieser Zeit schrieb ich mein Buch Gnade und Freiheit. Kafka las die Korrekturbogen mit großer Gewissenhaftigkeit und ich besitze noch seine Anmerkungen dazu. Es waren vor allem Bemerkungen stilistischer Natur, denn philosophisch-systematische Erwägungen lagen ihm nicht. Er schrieb mir zu den Korrekturen: „Es sind alles nur Kleinigkeiten, mit größeren Fragen wage ich nicht aufzutreten, nicht Dir gegenüber, nicht der Sache gegenüber. Als Erbauungsbuch bedeutet es mir viel und wird mir viel bedeuten."

Wenn ich heute seine Briefe aus jener Zeit lese, geben sie mir manches zu denken. Woher dieses weit über jede Berechtigung hinausgehende Lob? An Unaufrichtigkeit, an Schmeichelei, an plumpe Aufmunterungsversuche ist bei Kafka nicht zu denken. Er glaubte, was er schrieb. Es war einfach so, daß ihm die kleinste positive Leistung des Freundes bewundernswert erschien, weil er sie mit den Augen des Freundes sah, und mit der Vorstellung verglich, die er von seiner eigenen Leistung hatte, die er mit den Augen des Feindes sah.

Über dreißig Jahre sind seit dem Tode des Freundes vergangen und immer noch steht sein Bild in seiner klaren Lebendigkeit vor mir: schlank, hochgewachsen, zart; die Haltung vornehm, die Bewegungen ruhig; der Blick seiner dunklen Augen fest und doch warm, das Lächeln bezaubernd; sein Mienenspiel fesselnd. Zu allen Menschen war er freundlich und aufmerksam, den Freunden gegenüber treu und zuverlässig; nur in den kleinen Verabredungen des Tages versagte er, entschuldigte sich aber mit solcher Überzeugungskraft, daß man ihm glaubte. Ja, man glaubte es ihm unbedingt, daß seine körperlichen und seelischen Leiden und alle die kleinen Hindernisse, welche das tiefe Unglück an die Oberfläche des Tages schickt, ihn hinderten, seinen Tag so einzuteilen, daß er zeitliche Verabredungen genau hätte einhalten können. Es gab wohl niemand, dem er nicht warme Zuneigung eingeflößt hätte; er war bei seinen Kollegen beliebt und wurde von den Prager Literaten deutscher und tschechischer Zunge, soweit sie ihn kannten, verehrt.

Ich kann diese kleine Erinnerung an ihn nicht besser beschließen als durch einige Sätze Milena Jesenskás an Max Brod, die sie zu einer Zeit schrieb, da ihre Beziehung zu Kafka längst nicht mehr bestand:

„Ich glaube, daß wir alle, die ganze Welt und alle Menschen, krank sind und er der einzige gesunde und richtig auffassende und richtig fühlende und der einzige reine Mensch. Ich weiß, daß er sich nicht gegen das Leben wehrt, sondern nur gegen diese Art von Leben, – da wehrt er sich … Ist es denn möglich, daß dieser Mensch etwas fühlte, was nicht richtig wäre? Er weiß von der Welt zehntausendmal mehr als alle Menschen der Welt … Und dabei gibt es auf der ganzen Welt keinen zweiten Menschen, der seine ungeheure Kraft hätte: diese absolute unumstößliche Notwendigkeit zur Vollkommenheit hin, zur Reinheit und zur Wahrheit. So ist es, bis zum letzten Blutstropfen weiß ich, daß es so ist."

Das Unglück

Kafka war ein unglücklicher Mensch. Seine Tagebücher sprechen davon, seine Dichtungen bezeugen es. Worin bestand nun aber sein Unglück? Wenn man davon absieht, wie Kafka sein Unglück getragen hat und was er aus diesem Unglück machte, mit anderen Worten, wenn man von seinem dichterischen Genie und seinem hohen moralischen Niveau absieht, kann man dieses Unglück auf einige elementare Tatsachen zurückführen: er litt an körperlichem und vitalem Minderwertigkeitsgefühl; er war nicht imstande, sich der erdrückenden Macht seines Vaters zu entziehen; er konnte sich nicht entschließen zu heiraten und vermochte sein Leben nicht so einzurichten, daß er sich dem „Schreiben" mit jener Ausschließlichkeit und Intensität hätte hingeben können, die notwendig gewesen wären, um alle schöpferischen Kräfte zu entfalten. Als Letztes trat die zehrende Krankheit hinzu, die seine Kräfte schwächte und der er schließlich erlag. Das ist eine einfache Diagnose, die sich noch knapper formulieren läßt: er war ein Neurotiker, in mancher Hinsicht geradezu ein klassischer Fall, zu dessen Neurose sich schließlich die Tuberkulose gesellte. Soweit kann man den Fall bis ins Physiologische verfolgen. Es kommt aber, um in der Terminologie zu bleiben, darauf an, zu welcher Sublimierung Kafka gelangte. Das soll in späteren Kapiteln erörtert werden. Hier sei nur, unter Benutzung seiner Selbstdarstellung in den Tagebüchern, einiges Biographische vorausgeschickt.

Es fällt zuerst auf, daß er sein Unglück durchaus nicht als ein Unglück metaphysischer oder existenzieller Art bezeichnet, sondern als ein echtes persönliches Unglück, das gerade ihn betroffen hat. Dieses Unglück sah er keineswegs als das normale Menschenschicksal, als Folge einer geheimnisvollen Schuld etwa, an. Nein, er hatte das klare Bild eines gesunden reinen Lebens vor Augen, das eben nur ihm, allein ihm versagt blieb. Er verzweifelt nicht an der Zukunft der Menschheit, sondern nur an sich selbst, an der eigenen Zukunft. Das immer wiederkehrende Grundmotiv lautet: „Es gibt Erlösung, nur nicht für mich“ … „Alles herrlich, nur nicht für mich.“ Das Unglück, über das er in seinen Tagebüchern klagt, über das er auch in Gesprächen immer wieder geklagt hat, ist höchst individuell und konkret. Es beruht vor allem auf der Unzufriedenheit mit seinem Körper. Er schreibt:

„Sicher ist, daß ein Haupthindernis meines Fortschritts mein körperlicher Zustand bildet. Mit einem solchen Körper läßt sich nichts erreichen. Mein Körper ist zu lang für seine Schwäche. Er hat nicht das geringste Fett zur Erzeugung einer segensreichen Wärme ... Wie soll das schwache Herz das Blut über die ganze Länge dieser Beine hinstoßen können?“ [1]

Richtig ist, daß Kafka von schlanker Statur und mager war. Seine Magerkeit überschritt aber in keiner Weise die Grenze des Normalen. Im Vergleich zu der Stärke und Kraft seines Vaters allerdings war sie für ihn von frühester Jugend an bedeutungsvoll. In seinem Brief an den Vater beschreibt er dieses Minderwertigkeitsgefühl dem Vater gegenüber:

„Ich war ja schon niedergedrückt durch Deine bloße Körperlichkeit. Ich erinnere mich zum Beispiel daran, wie wir uns öfter zusammen in einer Kabine auszogen. Ich mager, schwach, schmal, Du stark, groß, breit. Schon in der Kabine kam ich mir jämmerlich vor, und zwar nicht nur vor Dir, sondern vor der ganzen Welt, denn Du warst für mich das Maß aller Dinge. Traten wir dann aber aus der Kabine vor die Leute heraus, ich an Deiner Hand, ein kleines Gerippe, unsicher, bloßfüßig auf den Planken, in Angst vor dem Wasser, unfähig Deine Schwimmbewegungen nachzumachen, die Du mir in guter Absicht, aber tatsächlich zu meiner tiefen Beschämung immerfort vormachtest, dann war ich sehr verzweifelt und alle meine schlimmen Erfahrungen auf allen Gebieten stimmten in solchen Augenblicken großartig zusammen.“ [2]

Dieses Gefühl der vitalen Überlegenheit seines Vaters beherrschte so schicksalhaft sein ganzes Leben, daß der Vater, genauer seine Vorstellung vom Vater, ihm zum Ehehindernis wurde. In der Erzählung Das Urteil, die er stets als sein wesentlichstes Werk betrachtete, hat er diesen Konflikt mit unheimlicher Prägnanz gestaltet. In seinem Brief an den Vater aber hat er ihn so rückhaltlos offenbart, daß dem Psychoanalytiker kaum noch etwas zu analysieren verbleibt:

„Die Heirat ist gewiß die Bürgschaft für die schärfste Selbstbefreiung und Unabhängigkeit. Ich hätte eine Familie, das Höchste, was man meiner Meinung nach erreichen kann, also auch das Höchste, das Du erreicht hast. Ich wäre Dir ebenbürtig, alle alte und ewig neue Schande und Tyrannei wäre bloß noch Geschichte. Das wäre allerdings märchenhaft, aber darin liegt eben schon das Fragwürdige. Es ist zuviel, so viel kann nicht erreicht werden.“ [3]

Und an anderer Stelle:

„Wenn ich in dem besonderen Unglücksverhältnis, in welchem ich zu Dir stehe, selbständig werden will, muß ich etwas tun, was möglichst gar keine Beziehung zu Dir hat; das Heiraten ist zwar das Größte und gibt die ehrenvollste Selbständigkeit, aber es ist auch gleichzeitig in engster Beziehung zu Dir. Hier hinauskommen wollen hat deshalb etwas von Wahnsinn, und jeder Versuch wird fast damit bestraft. [...] So wie wir aber sind, ist mir das Heiraten dadurch verschlossen, daß es gerade Dein eigenstes Gebiet ist. Manchmal stelle ich mir die Erdkarte ausgespannt und Dich quer über sie hinausgestreckt vor. Und es ist mir dann, als kämen für mein Leben nur Gegenden in Betracht, die Du entweder nicht bedeckst, oder die nicht in Deiner Reichweite liegen. Und das sind entsprechend der Vorstellung, die ich von Deiner Größe habe, nicht viele, und nicht sehr trostreiche Gegenden und besonders die Ehe ist nicht darunter.“ [4]

In diesen Zitaten ist fast alles enthalten, vor allem die unverhohlene Sehnsucht nach Ehe und Familie. In seinen Tagebüchern heißt es einmal: „Ohne Vorfahren, ohne Ehe, ohne Nachkommen mit wilder Vorfahrens-, Ehe- und Nachkommenslust."[5] Aber er kann die Hindernisse nicht überwinden. Hier war sein vitales Minderwertigkeitsgefühl durch das in seine Vorstellung projizierte Bild vom Vater repräsentiert. In anderer Variation kommt es in seinem Verhältnis zu Milena Jesenská zum Ausdruck.

Schmutz und Reinheit: die Milena-Briefe

Im Jahre 1952 hat Willy Haas einen starken Band von Briefen Kafkas veröffentlicht, die er in den Jahren 1921 bis 1922 an Milena Jesenská schrieb. Diese Briefe gehören zu den wichtigsten Dokumenten der inneren und äußeren Biographie Franz Kafkas.

Milena Jesenská war eine sehr begabte tschechische Schriftstellerin, Nichtjüdin, Tochter eines Universitätsprofessors, die in vielen linksgerichteten tschechischen Blättern Artikel veröffentlichte. Kafka lernte sie als Übersetzerin einiger seiner Erzählungen kennen; sie war zu dieser Zeit die Frau Ernst Pollaks, eines literarisch und philosophisch sehr interessierten Mannes und engen Freundes von Franz Werfel. Ihre Beziehung begann im Jahre 1920, als Kafka sich wegen seines Lungenleidens in Meran aufhielt; sie äußerte sich in einem intensiven leidenschaftlichen Briefwechsel.

Kafka ist in der Zeit dieser Liebe nur zweimal mit Milena zusammengetroffen, einmal auf seiner Rückreise von Meran in Wien, ein zweites Mal auf einer kleinen österreichisch-tschechischen Grenzstation. Die Liebe endete wie alle Beziehungen Kafkas unglücklich. An drei Briefstellen läßt sich die Entwicklung dieser Leidenschaft – soweit sie Kafka betrifft – anschaulich illustrieren. Anfangs hieß es:

„… ich weiß nicht, wie das Glück umfassen mit Worten, Augen, Händen und dem armen Herzen, das Glück, daß Du da bist und doch auch mir gehörst.“ [6] Zum Schluß heißt es dann: „Liebe ist, daß Du mir das Messer bist, mit dem ich in mir wühle.“ [7] Die Zusammenfassung des Ganzen liegt vielleicht darin: „Ich hatte über meinen Zaun geschaut, hatte mich oben mit den Händen festgehalten, dann bin ich mit zerschundenen Händen wieder zurückgefallen.“ [8] Das also ist die Geschichte. Es ist heute schwer festzustellen, warum sie so zu Ende ging … Was Milena gehindert haben mag, sich von ihrem Mann zu trennen, der sie, wie sie sehr wohl wußte, dauernd mit anderen Frauen betrog und ihr kein Geld zum Lebensunterhalt gab … Ob sie wirklich so an diesen Mann gebunden war, daß sie ihn, wie sie schrieb, nicht verlassen konnte ... oder ob sie sich einfach nicht entschließen konnte, Kafka zu heiraten? Kafka kam es nur auf eine echte Ehe an; vielleicht fühlte sie, daß ein Leben mit Kafka eine Aufgabe bedeuten würde, die mit ihren vitalen Anlagen kaum in Einklang zu bringen war. Jedenfalls brach Kafka den Briefwechsel ab, als er die Aussichtslosigkeit ihrer Beziehung erkannte. Milena Jesenská verließ bald nach dem Abenteuer mit Kafka ihren Mann und heiratete nochmals. Im Jahre 1944 ist sie im Konzentrationslager Ravensbrück gestorben. Margarete Buber-Neumann war ihre Leidensgenossin in diesem Lager und berichtet in ihrem Buch Als Gefangene bei Stalin und Hitler über Milena. Man spürt in diesem Bericht den Zauber, der noch ein Vierteljahrhundert nach dem Abenteuer mit Kafka von dieser ungewöhnlichen Frau ausgegangen ist.

Der Briefwechsel zwischen Kafka und Milena Jesenská, der sich wohl über mehr als ein Jahr erstreckte, war äußerst intensiv. Sie schrieben einander oft mehrmals am gleichen Tag. Kafkas Briefe blieben in Milenas Besitz und gelangten dann in den Besitz von Willy Haas, dessen Frau eine Freundin Milenas war. Was das äußere biographische Geschehen anbetrifft, ist das Ergebnis allerdings nicht sehr ergiebig. Er ist kein in der Art der großen Briefdichtungen der Weltliteratur geschaffener Liebesroman in Briefen, der folgerichtig aufgebaut und wohldurchdacht gestaltet wäre. Mögen die Einzelbriefe auch von unerhörter Schönheit und unerreichter Kunst der Formulierung sein, ein „Ganzes" bilden sie schon aus rein äußerlichen Gründen nicht: Die Reihenfolge der Briefe ist sehr zweifelhaft. Kafka hat seine Briefe nie datiert, sondern sie höchstens mit den Bezeichnungen „morgens", „abends" oder ähnlichem versehen. Haas hat daher mit vieler Mühe von sich aus eine Reihenfolge festgesetzt; ob sie die richtige ist, ist schwer zu beurteilen. Ferner fehlen sicherlich Briefe Kafkas. Entscheidend aber ist, daß Milenas Briefe fehlen, und das ist nach allem, was aus den Antworten Kafkas zurückstrahlt, ein großer Verlust. Ihr Inhalt läßt sich aus den Antworten Kafkas nur schwer rekonstruieren. Da Milena offenbar der führende und entscheidende Partner war, wären gerade diese Briefe in ihrem Detail für das Verständnis der „Handlung" sehr wichtig gewesen.

Im Mittelpunkt der unermüdlichen Selbstdarstellung Kafkas stehen zwei Erlebnisse: Angst und Schmutz. Sie stellen die beiden Grundmotive aller Klagen und Selbstanklagen dar. „Mein Wesen ist

Angst“, sagt er [9], und an anderer Stelle: „Wenn ich so schlafen könnte, wie ich in Angst versinke, ich lebte nicht mehr“. Die Angst ist es, die ihn „willenlos macht“. In einem Brief schreibt er:

„Ich kenne nicht die inneren Gesetze der Angst, nur ihre Hand an meiner Gurgel kenne ich, und das ist wirklich das Schrecklichste, was ich jemals erlebt habe oder erleben könnte. Es ergibt sich dann vielleicht, daß wir jetzt beide verheiratet sind, Du in Wien, ich mit der Angst in Prag, und daß nicht nur Du, sondern auch ich vergeblich an unserer Ehe zerren.“ [10]

Freilich hat er zur Angst nicht immer nur ein negatives Verhältnis; er hat nicht nur Angst vor der Angst, er findet sie manchmal sogar berechtigt, manchmal ist er geradezu verliebt in sie:

„Auch ich, mag ich auch manchmal aussehen wie ein bestochener Verteidiger meiner Angst, gebe ihr im tiefsten wahrscheinlich recht, ja ich bestehe aus ihr, und sie ist vielleicht mein Bestes. Und da sie mein Bestes ist, ist sie auch vielleicht das allein, was Du liebst. Denn was wäre sonst Großes, Liebenswertes an mir zu finden. Dieses aber ist liebenswert.“ [11]

Trotzdem kann er die Angst nicht ertragen:

„Nur eines, Milena, kann ich ohne Deine ausdrückliche Hilfe nicht ertragen: die Angst. Dafür bin ich viel zu schwach. Ich kann ja dieses Ungeheure nicht einmal überblicken. Es schwemmt mich fort.“ [12]

Was ist diese Angst? Wovor hat er Angst? Oder ist es gerade charakteristisch für diese und jede Angst, daß man die Frage nach einem reinen „Wovor?“ nicht beantworten kann? Darf man vielleicht die Frage nach einer näheren Definition der Angst gar nicht stellen in einer Zeit, da die Angst zum einzig sicheren Erlebnis, zum Ursprungserlebnis, zum ersten Anfang aller Philosophie geworden ist, wie es einst in alten Zeiten das viel sympathischere „Staunen“ war? Man kann und man darf angesichts seiner Briefe diese Frage stellen, denn sie geben eine Antwort. Sie ist im zweiten Grundmotiv seiner Bekenntnisse zu finden: seine Angst ist Angst vor dem Schmutz. Aus dem Schmutz ist er einst zu Milena gekommen. So schildert er es in einem ergreifenden Brief, als das Verhältnis bereits zu Ende gegangen war:

„Ich Waldtier war ja damals kaum im Wald, lag irgendwo in einer schmutzigen Grube (schmutzig nur infolge meiner Gegenwart natürlich), da sah ich Dich draußen im Freien, das Wunderbarste, was ich je gesehen hatte.“ [13]

Freilich gerade an ihr, an Milena, glaubte er sich seines Schmutzes bewußt zu werden, und das, so schreibt er ausdrücklich, bringt ihm „den Angstschweiß auf die Stirn".[14]

Was ist das für ein Schmutz, muß man nun weiterfragen. Auch darauf findet man in Kafkas Briefen Antwort. Er beschreibt den „Schmutz" recht deutlich in einem Brief, den er selber als „Wichtig!" bezeichnet. Um alles zu erklären, schildert er Milena seine ersten erotischen Abenteuer. Er erzählt ihr von einem Zusammensein mit einem Mädchen in einem Hotel, und er nennt dieses Zusammensein „reizend", „aufregend" und – „abscheulich". Und das Glück des Nachhausegehens bestand darin, daß das Ganze „nicht noch abscheulicher, nicht noch schmutziger gewesen ist". Bald darauf haßt er in seiner Erinnerung das Mädchen, weil es im Hotel „in aller Unschuld eine winzige Abscheulichkeit gemacht hat (nicht der Rede wert), eine kleine Schmutzigkeit gesagt hat (nicht der Rede wert), aber … ich wußte im gleichen Augenblick, daß dieses Abscheuliche und Schmutzige innerlich sehr notwendig mit dem Ganzen zusammenhänge, und daß mich gerade dieses Abscheuliche und Schmutzige mit so wahnsinniger Gewalt in dieses Hotel gezogen hatte, dem ich sonst ausgewichen wäre mit meiner letzten Kraft."[15] Und all dem Schmutz stellt er die Lichtgestalt Milena gegenüber.

Das Wesentliche ist, in ihrer Nähe hat er „keine Sehnsucht nach Schmutz ... ich sehe förmlich auch keinen Schmutz, nichts derartiges, was von außen reizt, ist da, aber alles, das von innen Leben bringt, kurz, etwas von der Luft ist da, die man im Paradies vor dem Sündenfall geatmet hat. Nur etwas von dieser Luft, daher fehlt die Sehnsucht, nicht jene ganze Luft, daher gibt es ‚Angst'. Nun weißt Du es also."[16]

Und in einem zweiten entscheidenden Brief kommt es wieder; er spricht von ihrem glücklichen Zusammensein draußen im Wiener Wald an jenem Samstag, da er keine Angst hatte, und fährt dann sehr charakteristisch fort:

„Aber eben zwischen dieser Tagwelt (im Wiener Wald) und jener ‚halben Stunde im Bett', von der Du einmal verächtlich als von einer Männersache schriebst, ist für mich ein Abgrund, über den ich nicht hinwegkommen kann, wahrscheinlich weil ich nicht will. Dort drüben ist eine Angelegenheit der Nacht, durchaus in jedem Sinn Angelegenheit der Nacht; hier ist die Welt und ich besitze sie, und nun soll ich hinüberspringen in die Nacht, um sie noch einmal in Besitz zu nehmen. Kann man etwas noch einmal in Besitz nehmen? Heißt das nicht es verlieren. Hier ist die Welt, die ich besitze, und ich soll hinüber, einer unheimlichen Zauberei zuliebe, einem Hokuspokus, einem Stein der Weisen, einer Alchimie, einem Wunschring zuliebe. Weg damit, ich fürchte mich schrecklich davor. In einer Nacht das durch Zauberei erwischen wollen, eilig, schweratmend, hilflos, besessen, das durch Zauberei erwischen wollen, was jeder Tag den offenen Augen gibt! (Vielleicht kann man Kinder nicht anders bekommen, vielleicht sind auch Kinder Zauberei. Lassen wir diese Frage noch) ..."

Soweit Kafkas Brief zu diesem Gegenstand.

Wir sind heute in der Lage, auch Milena dazu sprechen zu lassen, und ihre Worte sind sehr aufschlußreich. Milenas Briefe an Kafka sind leider verloren gegangen. Was für ein Verlust das ist, geht aus den wenigen Briefen hervor, die sie über Kafka an Brod geschrieben hat und die Brod in der letzten Auflage seiner Kafka-Biographie veröffentlichte. Es sind Briefe von einer unerhörten Leidenschaft und Hellsichtigkeit. Hier sei eine jener höchst aufschlußreichen Stellen zitiert, die noch deutlicher sind als Kafkas Worte:

„Was seine Angst ist, das weiß ich bis auf den letzten Nerv ... Ich habe mich gegen sie gepanzert, indem ich sie begriffen habe. In den vier Tagen, in denen Franz neben mir war, hat er sie verloren. Wir haben über sie gelacht ... Diese Angst bezieht sich nicht nur auf mich, sondern auf alles, was schamlos lebt, auch beispielsweise auf das Fleisch. Das Fleisch ist zu enthüllt, er erträgt nicht, es zu sehen. Das also habe ich damals zu beseitigen vermocht. Wenn er diese Angst spürte, hat er mir in die Augen gesehen, wir haben eine Weile gewartet, als ob wir keinen Atem bekommen könnten oder als ob uns die Füße weh täten, und nach einer Weile ist es vergangen. Es war nicht die geringste Anstrengung nötig, alles war einfach und klar … Wäre ich damals mit ihm nach Prag gefahren, so wäre ich ihm die geblieben, die ich ihm war. Aber ich war mit beiden Füßen unendlich fest mit dieser Erde hier zusammengewachsen, ich war nicht imstande, meinen Mann zu verlassen und vielleicht war ich zu sehr Weib, um die Kraft zu haben, mich diesem Leben zu unterwerfen, von dem ich wußte, daß es strengste Askese bedeuten würde, auf Lebenszeit."

Es ist also ziemlich klar, was der Schmutz ist und was die Angst vor dem Schmutz bedeutet. Zweifellos wird jeder Psychoanalytiker und nicht nur dieser die Sache leicht erklären können. Aber das wird nicht die letzte Antwort auf dieses Problem sein. Kafka antwortet ihm selber:

„Es ist eine der vielen Krankheitserscheinungen, welche die Psychoanalyse aufgedeckt zu haben glaubt. Ich nenne es nicht Krankheit und sehe in dem therapeutischen Teil der Psychoanalyse einen hilflosen Irrtum. Alle diese angeblichen Krankheiten, so traurig sie auch aussehen, sind Glaubenstatsachen, Verankerungen des in Not befindlichen Menschen in irgendwelchem mütterlichen Boden; so findet ja auch die Psychoanalyse als Urgrund der Religionen auch nichts anderes als was ihrer Meinung nach die ‚Krankheiten' des einzelnen begründet." [17]

An einer anderen Stelle stellt Kafka auch ausdrücklich den Zusammenhang von Angst und Religion her:

„Diese Angst ist doch nicht meine private Angst, sie ist es bloß auch und fürchterlich, aber es ist ebenso die Angst alles Glaubens seit jeher." Von hier aus führt uns der Weg weiter. „Hinter den Krankheiten stehen Glaubenstatsachen." Das Negative ist dem Positiven zugeordnet. Der Schmutz ist ein Mangel an – Reinheit; und die Angst vor dem Schmutz beruht auf der Sehnsucht nach Reinheit; und es gibt keinen Begriff, der tiefer zum Verständnis Kafkas führt, als der Begriff Reinheit, gerade weil er so viel über Schmutz redet.

Es gibt eine Stelle in den Briefen, an der Kafka genau den tiefsten Punkt seiner Selbstherabsetzungen findet: „Schmutzig bin ich, Milena, endlos schmutzig. Darum mache ich ein solches Geschrei mit der Reinheit."[18] Hier muß man nun den Mut haben zu sagen: Ganz genau das Gegenteil davon ist wahr. Aus Sehnsucht nach Reinheit macht er ein solches Geschrei mit dem Schmutz. Und daß er dieses Faktum so genau umkehrt, gehört schon zu dieser Sehnsucht – wie später noch gezeigt werden soll. Doch die Fragenkette muß weitergehen, wenn man auf den Grund der Angst kommen will. Was ist Reinheit? Was ist Schmutz? Bekannt ist die Definition: Schmutz ist Stoff am unrechten Ort. Eine weiße Fläche ist schmutzig, wenn sie an verschiedenen unregelmäßigen Stellen eine andere Färbung aufweist. Wenn die Einheit der weißen Farbe gestört ist, und zwar so gestört, daß die Flecken selbst nicht eine Gestalt, also eine eigene Einheit aufweisen. Ein gemusterter weißer Stoff ist nicht schmutzig. Eine Harmonie ist rein, wenn die Einheit des Zusammenklangs nicht gestört ist. Wie immer man es wendet, kommt man zur engen Beziehung von Reinheit und Einheit; genauer: Einheit einer Mannigfaltigkeit, das also, was man heute „Gestalt" nennt, mag diese Gestalt nun eine Einheit der Form oder der Funktion oder des Sinnes sein. Immer ist Schmutz also der Einbruch eines kleinen Chaos in die Gestalt.

Um welche Einheit, um die Störung welcher Einheit, handelt es sich nun bei Kafka? Die angeführten Stellen deuten es an: es handelt sich um die Einheit des Menschen, um jene Einheit, die geschaffen und gleichzeitig aufs äußerste gefährdet ist durch die Tatsache, daß der Mensch dem Reich der Natur und gleichzeitig dem Reich des Geistes angehört. Die Natur treibt ihn in den Bahnen der vitalen Triebe; der Geist aber hat seine eigenen Ziele, die in der Konfrontation mit dem unendlichen Weltgeschehen, mit dem Sinn, mit Gott ihren Ursprung haben. Die Einheit des Menschen entsteht, wenn es ihm gelingt, die Triebe in den Dienst seines höheren Seins zu stellen, die Ziele, die er jeweils in freier Konfrontation mit dem Übernatürlichen erfaßt, durch die nur in der Natur vorhandenen Realisierungskräfte zu erfüllen. Gelingt ihm dieses Wagnis, so ist Reinheit. Drängt sich die Natur mit ihren Vitalzielen vor, so entsteht, was Kafka Schmutz nennt. In diesem Schmutz leben freilich nicht nur Kafka, nicht nur Kafkas K.s, sondern die meisten Menschen. Und nur vom Blickpunkt einer Reinheit, wie sie Kafkas Sehnsucht ist, wird das als Schmutz empfunden.

Es handelt sich also für Kafka keineswegs darum, die Natur auszuschalten und das Leben abzutöten; es handelt sich vielmehr darum, die ganze Fülle der Natur – wie ein jüdisches Wort sagt – zu einem Wagen zu Gott zu machen und das Selbständigwerden der Triebe als Schmutz zu empfinden. Dieser Standpunkt geht klar aus den Selbstbekenntnissen Kafkas hervor. Kafka ist durchaus kein Asket, er ist kein Feind der Natur, er will Leben, aber reines Leben. Man kann das schon in der Aufzählung der Ideale finden, die er anführt, um sich durch deren Abwesenheit, durch deren Versagen bei ihm niedriger einzustufen. Er sagt an einer Stelle, daß er in jeder wirklichen Hinsicht – „wirklich" heißt hier existentiell entscheidend – tief unter anderen stehe und führt an: „Heirat (damit beginnt er), Arbeit, Mut, Opfer, Reinheit, Freiheit, Selbständigkeit, Wahrhaftigkeit"[19]. An einer anderen Stelle führt er an, daß er „nicht froh, nicht ruhig, nicht entschlossen, nicht heiratsfähig werden konnte"[20], wobei die Heiratsfähigkeit als letzte Steigerung erscheint, und im gleichen Briefe schreibt er, daß er nichts Erstrebenswerteres kenne, als die Ehe an sich. Er bejaht die Natur, sonst hätte er über seine Magerkeit, seine Müdigkeit und seine sonstigen körperlichen Schwächen, die er immer wieder bedauernd hervorhebt, nicht so unglücklich sein können. Daß er sein Ideal der Reinheit nicht werde verwirklichen können, ist seine Angst. Daß er es nicht verwirklicht hat, ist seine Schuld. Darum werden seine Helden verfolgt, gefoltert, verurteilt, hingerichtet. Seine Helden erleiden, wie in einem Traum, was ihm selber bewußt ist, denn „wach, überwach, noch lange nicht wach genug“ [21] ist sein Gewissen. Und deshalb glaubt er auch „den Sündenfall zu verstehen wie kein Mensch sonst“.[22]

Diese Briefe sind wahrlich kein Werk, das als eine abgerundete Dichtung geplant war, sie wenden sich an keine wirkliche und keine imaginierte Allgemeinheit; sie sind auch kein Selbstgespräch. Sie sind an eine ganz bestimmte Person gerichtet und sind daher von einer Tendenz nicht frei, welche mit Dichtung wenig zu tun hat: sie wollen auf einen bestimmten Menschen wirken, ihn in gewissem Sinne umwandeln. Und das ist ein ganz anderes Ziel, als es mit einer Dichtung erstrebt wird. Dennoch gibt es eine Grundtendenz, welche persönlichen Briefen sowie dichterischen Werken gemeinsam ist: Einwirkung auf ein fremdes Bewußtsein durch Gestaltung und Formulierung des eigenen. Der Dichter sucht sein eigenes persönliches Erleben in einer solchen Weise sprachlich zu gestalten, daß es geeignet wird, fremdes Bewußtsein zu erfüllen und zu verwandeln. Dasselbe tut der Briefschreiber, wenn er in seinen Briefen über Routinemitteilungen hinausgeht – und wenn er zufällig ein Dichter ist.

Das Schreiben

Bisher war das Unglück Kafkas unser Thema. Diesem Unglück stand jedoch ein großes Glück gegenüber: der Drang und die Fähigkeit zu dichten. Dieses Glück war freilich wiederum auch die Quelle von Unglück, das seinerseits nun darin bestand, daß er diese dichterischen Fähigkeiten – aus körperlichen, beruflichen und seelischen Gründen – nicht voll entfalten konnte. So bescheiden er über sein Dichten sprach und so unzufrieden er – meist – mit dem „Geschriebenen" war, blieb er doch aufs Tiefste davon durchdrungen, daß das Dichten sein wahrer Beruf, seine einzige Aufgabe, und sein höchstes Glück war.

In seinen Tagebüchern hat er oft genug darüber gesprochen; viel Interessantes ist auch in Janouchs Gesprächen mit Kafka zu finden, die dieser im Jahre 1952 veröffentlicht hat. Janouch war der Sohn eines Kollegen Kafkas in der Arbeiter-Versicherungs-Anstalt, der seinen Sohn, weil er dichtete, einmal zu Kafka brachte. Kafka nahm den jungen Mann mit großer Liebenswürdigkeit auf; er traf öfter mit ihm zusammen und sprach mit ihm über die verschiedensten literarischen Gegenstände. Nach einem Vierteljahrhundert hat nun Janouch nach den Notizen, die er sich über diese

Gespräche machte, ein Erinnerungsbuch geschrieben. Er sandte das Manuskript an Max Brod, der es – nach Inhalt und Form der Gespräche – für authentisch erklärte. Es steht wohl außer Frage, daß die veröffentlichten Gespräche auf wirklich stattgefundenen Unterredungen beruhen, wenn auch ihre Formulierung bei der nachträglichen Stilisierung vermutlich eine etwas entschiedenere Fassung erhielt, als Kafka sie ihr ursprünglich gegeben haben mag. Dennoch ist Janouchs Buch als eine wertvolle biographische Quelle zu betrachten.

Am ausführlichsten hat sich Kafka über sein dichterisches Schaffen dem Theosophen Dr. Rudolf Steiner gegenüber geäußert, den er anläßlich seines Aufenthaltes in Prag aufsuchte. Er gibt in seinen Tagebüchern von diesem Besuch, eine ausführliche und humorvolle Schilderung, und vor allem die Rede, die er Steiner über sich gehalten hat, gibt er genau wieder:

„Mein Glück, meine Fähigkeiten und jede Möglichkeit, irgendwie zu nützen, liegen seit jeher im Literarischen, und hier habe ich allerdings Zustände erlebt (nicht viele), die meiner Meinung nach den von Ihnen, Herr Doktor, beschriebenen hellseherischen Zuständen sehr nahe standen, in welchen ich ganz und gar in jedem Einfall wohnte, aber jeden Einfall auch erfüllte, und in welchen ich mich nicht nur an meinen Grenzen fühlte, sondern an den Grenzen des Menschlichen überhaupt. Nur die Ruhe der Begeisterung, wie sie dem Hellseher wahrscheinlich eigen ist, fehlte doch jenen Zuständen, wenn auch nicht ganz. Ich schließe dies daraus, daß ich das Beste meiner Arbeiten nicht in jenen Zuständen geschrieben habe. – Diesem Literarischen kann ich mich nun nicht vollständig hingeben, wie es sein müßte, und zwar aus verschiedenen Gründen nicht. Abgesehen von meinen Familienverhältnissen, könnte ich von der Literatur schon infolge des langsamen Entstehens meiner Arbeiten und ihres besonderen Charakters nicht leben; überdies hindert mich auch meine Gesundheit und mein Charakter daran, mich einem im günstigsten Falle ungewissen Leben hinzugeben. Ich bin daher Beamter in einer sozialen Versicherungs-Anstalt geworden. Nun können diese zwei Berufe einander niemals ertragen und ein gemeinsames Glück zulassen. Das kleinste Glück in einem wird ein großes Unglück im zweiten. Habe ich an einem Abend Gutes geschrieben, brenne ich am nächsten Tage im Bureau und kann nichts fertigbringen. Dieses Hin und Her wird immer ärger...[23] "

Selten war sich jemand seiner dichterischen Fähigkeiten so bewußt wie Kafka. Wir lesen im Tagebuch:

„Das Bewußtsein meiner dichterischen Fähigkeiten ist am Abend und am Morgen unüberblickbar. Ich fühle mich gelockert bis auf den Boden meines Wesens, und kann aus mir herausheben, was ich nur will.“ [24]

Und noch eine gewissermaßen hoffnungsvolle Stelle aus dem Jahre 1912: „Als es in meinem Organismus klar geworden war, daß das Schreiben die ergiebigste Richtung meines Wesens sei, drängte sich alles hin und ließ alle Fähigkeiten leerstehen, die sich auf die Freuden des Geschlechts, des Essens, des Trinkens, des philosophischen Nachdenkens, der Musik zu allererst richteten. Ich magerte nach allen diesen Richtungen ab ... Jedenfalls darf ich aber dem nicht nachweinen, daß ich keine Geliebte ertragen kann, daß ich von Liebe fast genau so viel wie von Musik verstehe. Ich habe also nur die Bureauarbeit aus dieser Gemeinschaft herauszuwerfen, um, da meine Entwicklung nun vollzogen ist ... mein wirkliches Leben anzufangen, in welchem mein Gesicht endlich mit dem Fortschreiten meiner Arbeiten in natürlicher Weise wird altern können.“ [25]

Kafkas Drang zur Dichtung ist unbezwingbar. Im Jahre 1913 schrieb er in sein Tagebuch: „Die ungeheure Welt, die ich im Kopfe habe. Aber wie mich befreien und so befreien, ohne zu zerreißen.

Und tausendmal lieber zerreißen, als sie in mir zurückhalten oder begraben. Dazu bin ich ja hier, das ist mir klar." [26]

Er erlebte im Schreiben Zustände höchster Inspiration. Er schrieb oft wie unter einem Diktat. Wir lesen im Tagebuch: „Gestern den Dorfschullehrer fast bewußtlos geschrieben."[27]

Oft zitiert wird seine Notiz, in der er die Entstehung seiner Erzählung Das Urteil beschreibt: „Diese Geschichte Das Urteil habe ich in der Nacht vom 22. bis 23. September 1912 von zehn Uhr abends bis sechs Uhr früh geschrieben. Die vom Sitzen steif gewordenen Beine konnte ich kaum unter dem Schreibtisch hervorziehen. Die fürchterliche Anstrengung und Freude, wie sich die Geschichte vor mir entwickelte, wie ich in einem Gewässer vorwärtskam. Mehrmals in der Nacht trug ich mein Gewicht auf dem Rücken. Wie alles gesagt werden kann, wie für alle, für die fremdsten Einfälle ein großes Feuer bereitet ist, in dem sie vergehen und auferstehen ... Nur so kann geschrieben werden, nur in einem solchen Zusammenhange, mit solcher vollständigen Öffnung des Leibes und der Seele ... " [28]

Und wirklich ist die Geschichte derart in einem Guß als Ganzes geschaffen worden, daß er erst fünf Monate später versucht, sich über sie Klarheit zu verschaffen und so nicht viel anders als die modernen Kafka-Interpreten sich zu interpretieren sucht: der seiner selbst bewußte Kafka sein aus dem Unbewußten geborenes Produkt. Er schreibt im Februar:

„Anläßlich der Korrektur des Urteil schreibe ich alle Beziehungen auf, die mir in der Geschichte klar geworden sind, soweit ich sie gegenwärtig habe. Es ist dies notwendig, denn die Geschichte ist wie eine regelrechte Geburt mit Schmutz und Schleim bedeckt aus mir herausgekommen und nur ich habe die Hand, die bis zum Körper dringen kann und Lust dazu hat … “[29] Und dann folgt seine Erklärung.

Das ist übrigens eine der wenigen seiner Dichtungen, mit der er ganz zufrieden war. Sonst wird er nicht müde, sich über die Diskrepanz zwischen seinem Erleben und seiner Dichtung zu beklagen: „Zwischen tatsächlichem Gefühl und der Beschreibung ist wie ein Brett eine zusammenhanglose Voraussetzung eingelegt … Sicher ist, daß alles, was ich im voraus selbst im guten Gefühl Wort für Wort, oder nur beiläufig aber in ausdrücklichen Worten, erfunden habe, auf dem Schreibtisch beim Versuch des Niederschreibens trocken, verkehrt, unbeweglich, der ganzen Umgebung hinderlich, ängstlich, vor allem aber lückenhaft erscheint …

Es liegt natürlich zum großen Teil daran, daß ich frei vom Papier nur in der Zeit der Erhebung, die ich mehr fürchte als ersehne, wie sehr ich sie auch ersehne, Gutes erfinde, das dann aber die Fülle so groß ist, daß ich verzichten muß, blindlings also nehme, nur dem Zufall nach, aus der Strömung heraus, griffweise, so daß diese Erwerbung beim überlegten Niederschreiben nichts ist im Vergleich zur Fülle, in der sie lebte, unfähig, diese Fülle herbeizubringen und daher schlecht und störend ist, weil sie nutzlos lockt.“ [30]

Was verlangte er von einer Geschichte? „Es muß eine ‚gesunde‘ Geschichte sein, wohlgebildet von Anfang bis zum Ende ... Durch Aufschreiben fixiert dürfte eine Selbsterkenntnis nur dann werden, wenn dies in größter Vollständigkeit bis in alle nebensächlichen Konsequenzen hinein sowie mit gänzlicher Wahrhaftigkeit geschehen könnte.“ Was er will, was er erstrebt, läßt sich am besten an dem erkennen, was er für mißlungen hielt. Wir lesen folgenden Bericht:

„Die Bitterkeit, die ich gestern fühlte, als Max bei Baum meine kleine Automobilgeschichte vorlas ... Die ungeordneten Sätze dieser Geschichte, mit Lücken, daß man beide Hände dazwischen stecken könnte; ein Satz klingt hoch, ein Satz klingt tief, wie es kommt; ein Satz reibt sich am anderen, wie die Zunge an einem hohlen oder falschen Zahn; ein Satz kommt mit einem so rohen Anfang anmarschiert, daß die ganze Geschichte in ein verdrießliches Staunen gerät ... Würde ich einmal ein größeres Ganzes schreiben können, wohlgebildet vom Anfang bis zum Ende, dann könnte sich auch die Geschichte niemals endgültig von mir loslösen, und ich dürfte ruhig und mit offenen Augen als Blutsverwandter einer gesunden Geschichte ihrer Vorlesung zuhören ...“[31]

Was also wollte er? Die Fülle seines Erlebens in einer „gesunden und wohl geordneten Geschichte“ als ein neues vollkommenes Wesen vor die Menschen hinstellen und so, was er aus seinem Unbewußten geschöpft, zum Eigentum des allgemeinen menschlichen Bewußtseins machen.

Das Judentum

Franz Kafka war Jude. Die deutschsprechenden Juden Prags, zum größten Teil der deutschen Kultur assimiliert, nahmen zum Teil sehr aktiv an ihrem literarischen und künstlerischen Leben teil, fühlten sich aber doch, bald mehr bald weniger, als nicht ganz zugehörig. Von Seiten der – überwiegend tschechischen – Massen hatten sie von Zeit zu Zeit unter antisemitischen Anpöbelungen zu leiden. Das Judentum selber bot diesen Menschen – es ist hier speziell vom Prager Milieu um die Jahrhundertwende die Rede – kaum einen Inhalt. Die religiöse Kontinuität war in der jungen Generation fast nicht mehr zu spüren, während sie der älteren Generation – Kafkas Vater etwa zur inhaltlosen Form erstarrt war. Das so entstandene Vakuum füllte schließlich der Zionismus aus, und das war dann auch bei Kafka der Fall.

Kafka spricht sich über sein damaliges Verhältnis zu den religiösen Formen ganz deutlich aus. So heißt es im Tagebuch im Jahre 1911 gelegentlich seiner Anwesenheit bei einer rituellen Beschneidung:

„Als ich heute den Begleiter des Moule zum Nachtisch beten hörte, und die Anwesenden, abgesehen von den beiden Großvätern, die Zeit in vollständigem Unverständnis des Vorgebeteten in Träumen oder Langweile verbrachten, sah ich das in einem deutlichen unabsehbaren Übergang begriffene westeuropäische Judentum vor mir, über das sich die zunächst Betroffenen keine Sorgen machen, sondern als richtige Übergangsmenschen das tragen, was ihnen auferlegt ist. Diese an ihrem letzten Ende angelangten religiösen Formen hatten schon in ihrer gegenwärtigen Übung einen so unbestrittenen bloß historischen Charakter, daß nur das Verstreichen einer ganz kleinen Zeit innerhalb des Vormittags nötig schien, um die Anwesenden durch Mitteilungen über den veralteten früheren Gebrauch der Beschneidung und ihrer halb gesungenen Gebete historisch zu interessieren.“ [32]

Auch in seinem Brief an den Vater berührt er dieses Thema; er erzählt dem Vater, daß dieser „an vier Tagen im Jahr in den Tempel ging und dort den Gleichgültigen zumindest näher war als jenen, die es ernst nahmen“, daß er geduldig die Gebete als Formalität erledigte, während Franz Kafka selber dort viele Stunden „durchgähnte und durchduselte“. [33]

Eine Änderung ging in Kafka erst vor sich, als er durch Hugo Bergmann, später durch Max Brod, eingehender über den Zionismus unterrichtet wurde und sich stärker für das Judentum zu interessieren begann. Charakteristisch ist, daß hier sein Bekanntwerden mit dem Ostjudentum eine wichtige Rolle gespielt hat. Eine ostjüdische Schauspielertruppe, die im Jahre 1910 in einem kleinen Prager Kaffeehaus in jiddischen Stücken auftrat, machte auf Kafka den größten Eindruck. Mit einem der Schauspieler, Isak Löwy, schloß Kafka Freundschaft; er ließ sich von ihm unermüdlich aus dem Leben der Ostjuden erzählen, hat auch für ihn ein Auftreten im Jüdischen Rathaus zustande gebracht, wobei Kafka eine einleitende Ansprache hielt. Dies war eine der wenigen Gelegenheiten, bei der er sich zu einem öffentlichen Auftreten entschloß. Über die Vorbereitungen zu diesem Rezitationsabend, die ihm viele Sorgen bereiteten, ist im Tagebuch manches nachzulesen. Eine seltsame und deshalb erwähnenswerte Rolle hat das Judentum in Kafkas Beziehungen zu Milena Jesenská gespielt, die – selber Nichtjüdin – mit einem Juden verheiratet war und offenbar das große Thema ihres Briefwechsels, die „Angst“, zu dem Judentum Kafkas in Beziehung gesetzt hatte. Kafka verteidigt die Juden:

„Sie dürfen denn auch den Juden jene besondere Ängstlichkeit vorwerfen, trotzdem ein solcher allgemeiner Vorwurf mehr theoretische als praktische Menschenkenntnis enthält, denn erstens trifft der Vorwurf nach Ihrer früheren Beschreibung Ihren Mann gar nicht, zweitens trifft er nach meiner Erfahrung die meisten Juden nicht, und drittens trifft er nur vereinzelte, diese aber sehr stark, zum Beispiel mich. Die unsichere Stellung der Juden, unsicher in sich, unsicher unter den Menschen, würde es über alles begreiflich machen, daß sie nur das zu besitzen glauben dürfen, was sie in der Hand halten … Von den unwahrscheinlichsten Seiten drohen den Juden Gefahren, oder lassen wir, um genauer zu sein, die Gefahren weg und sagen, drohen ihnen Drohungen." [34]

Interessanterweise trifft er aber auch hier eine sehr scharfe Unterscheidung zwischen Westjuden und Ostjuden, wobei die letzteren ihm als das gesunde Judentum erscheinen. Denn „den Westjuden ist keine ruhige Minute geschenkt, alles muß erworben werden, nicht nur die Gegenwart und Zukunft, auch noch die Vergangenheit, etwas, das doch jeder Mensch vielleicht mitbekommen hat, auch das muß erworben werden, das ist vielleicht die schwerste Arbeit ... Und was nun gegen die Juden zu sagen ist, bezieht sich auf das letzte und vorletzte Judentum, – das bedeutet also, nicht auf das frühere Judentum und nicht auf das zionistische Judentum." [35] So nähert er sich unter dem Einfluß der Ostjuden dem Judentum überhaupt. Auch Georg Langer wäre hier zu erwähnen, ein Prager Jude, der Beziehungen zum Chassidismus hatte; Kafka hat sich viel von ihm erzählen lassen, er hat in Langers Gesellschaft in Marienbad auch einmal einen Wunderrabbi besucht. Schließlich ist dann eine Ostjüdin, Dora Dymant, seine letzte Freundin geworden. In den letzten Jahren hat sich eine kleine Debatte darüber entsponnen, ob Kafka wirklich Zionist gewesen ist. Doktor Klopstock, der ärztliche Freund seiner letzten Lebensjahre, und Heinz Politzer, der zu Kafkas Zeiten in Prag lebte, verneinen es. Max Brod dagegen steht auf dem Standpunkt, daß Kafka Zionist im vollen Sinne dieses Wortes war, und er hat vollkommen recht. Kafka begann sehr bald sich für jüdische Geschichte zu interessieren. In seinem Tagebuch befindet sich eine Notiz vom Jahre 1911 „Heute Geschichte der Juden von Graetz gierig und glücklich zu lesen begonnen“.[36] Er lernte Hebräisch mit ungeheurer Intensität und in seinem Nachlaß fanden sich eine Menge hebräischer Übungshefte.

Janouch berichtet folgendes Gespräch:

„Den Juden genügt heute nicht mehr die Geschichte, diese heroische Heimat in der Zeit, sie sehnen sich nach einem ganz kleinen gewöhnlichen Heim im Raum. Immer mehr und mehr jüdische junge Leute kehren zurück nach Palästina. Das ist eine Rückkehr zu sich selbst, zu den eigenen Wurzeln, zum Wachstum. Die Heimat Palästina ist für die Juden ein notwendiges Ziel.“

Auf Janouchs Frage: „Sie sind überzeugt, daß der Zionismus der richtige Weg ist?“ antwortete Kafka: „Die Richtigkeit oder Unrichtigkeit des Weges erkennt man immer erst am Ziel. Jedenfalls gehen wir jetzt.“[37]

Im Jahre 1949 hatte ich einige Male Gelegenheit mit Dora Dymant, die Palästina einen Besuch abstattete (sie ist wenige Jahre später in London gestorben), alte Erinnerungen auszutauschen, und wir sprachen damals unter anderem auch über Kafkas Verhältnis zum Zionismus. Sie erzählte, daß Kafka, als sie ihn kennenlernte, im Hebräischen schon weit fortgeschritten war und in der Grammatik weit besser Bescheid wußte, als sie, die doch Hebräisch von Haus aus gelernt hatte. In der Zeit ihres Zusammenseins haben sie oft zusammen die Bibel hebräisch mit Raschi-Kommentar gelesen. Franz besuchte auch die Hochschule für Wissenschaft des Judentums in Berlin. Sein Interesse für zionistische Dinge und die Entwicklung in Palästina war groß; aber es war kein ausschließlich theoretisches Interesse, er hat dabei immer an die „Verwirklichung“ gedacht. Wie Dora Dymant berichtete, haben sie immer mit dem Gedanken gespielt, selber nach Palästina auszuwandern. Franz Kafka malte sich die Sache so aus, daß Dora als Köchin und er als Kellner gehen sollten, um in einem Gasthaus gemeinsam arbeiten zu können. Über diesen Plan wurde sehr viel gesprochen, und Franz zeigte ihr, wie er sich als Kellner betätigen würde. „Ich kann“, sagte Dora, „nicht genau sagen, wie viel Spiel darin war.“ Kafka konnte bei seinem Gesundheitszustand zu jener Zeit diesen Schritt wohl kaum wagen. „Aber wenn es ein Spiel war, war es ein sehr ernstes Spiel, und von Franz mit jener Intensität durchgeführt, mit der er eben alles tat."

Daß Kafka innerhalb des Judentums den Weg aus dem matten inhaltslosen Judentum seiner Jugendtage zum zionistischen Ideal gefunden hat, entspricht in seiner Intention im Grunde seinem allgemeinen Ideal, der Sehnsucht nach einem „reinen Leben".

Das Werk

Die Kafka-Welt

Viele Menschen, die zum ersten Male Bekanntschaft mit der Welt Franz Kafkas machen, werden durch deren merkwürdige Art von Irrealität überrascht sein, sich vielleicht auch gestört fühlen. Das Geschehen, dem sie sich in seinen Werken gegenübergestellt sehen, weist auf den ersten Blick viele Eigenschaften der Traumwelt auf: die Labilität der Aufmerksamkeit, die einen Teil der Entwicklung des Geschehens im Halbdunkel läßt, dafür einen Teil der Situation aber mit unheimlicher Schärfe beleuchtet; die Raschheit, mit der sich die Aufmerksamkeit des Erzählers neuen Zuständen zuwendet; die unvermittelte Entwicklung einer Situation ins Erotische; die Tatsache, daß der erotische Partner meist nicht gewählt wird, in keiner Weise vorbereitet auftritt, sondern einfach schon da ist; die Wiederkehr gewisser typischer

Situationen; die Rolle, welche die Verdoppelung spielt; die Bedeutung einer gewissen Gruppe von Menschen, die im Tagleben kaum beachtet wird, wie Portiers, kleine Beamte, Boten, Strolche; das gleiche gilt von verschiedenen Milieus, denen im Tagleben wenig Beachtung geschenkt wird, wie Dachböden, Kellerräume, Beamtenvorzimmer; Zusammenhänge dagegen, auf die im Wachen allgemein großes Gewicht gelegt wird, werden vollkommen vernachlässigt; dennoch herrscht eine eiserne Logik des Geschehens. Das anschauliche Detail in der Romanwelt Franz Kafkas ist ein anderes als das unseres wachen Lebens, trotzdem erscheint es wie unter der Lupe gesehen klar gezeichnet, eine unbekannte, aber wahre Welt. Die psychologische Motivierung ist oft unerwartet; überrascht erkennt man das Ganze trotzdem als alte, nur nicht ganz bewußt gewesene Realität. So bildet Kafkas Welt eine charakteristische Mischung von Realität und Irrealität.

Im Zentrum der Handlung, zugleich als Ausgangspunkt des Geschehens, steht meist ein Ereignis, das in unsere Tageswirklichkeit nicht hineinpaßt. Im Roman Der Prozeß ist es ein unheimliches Gericht, furchtbar in seiner Wirksamkeit, aber kläglich in seiner realen Anschaulichkeit: die Richter sind verschrobene Bürokraten, seine Boten und Abgesandten sind unzuverlässig und dumm. Analog zum irrealen Gericht ist auch das Schloß im Roman dieses Namens irreal. Auch hier mitten in der Wirklichkeit etwas Unerreichbares, von dem wir nur klägliche Ausläufer zu Gesicht bekommen. Und im Roman Amerika gibt es ein irreales Theater, von dem wir nur die großartige Reklame in einer unglaublich freudigen Atmosphäre kennenlernen.

Nicht immer ist es eine irreale Institution, von der alles abhängt, manchmal sind es irreale Ereignisse. Die Verwandlung eines Menschen in ein ekles Rieseninsekt (Die Verwandlung), oder die Verwandlung eines Affen in einen Menschen (Bericht an eine Akademie) oder ein äußerst kompliziertes, unerhört grausames, liebevoll genau beschriebenes und dennoch irreales Hinrichtungsinstrument (Strafkolonie). Dieses irreale Moment kann auch durch etwas Negatives dargestellt sein, eine Unterlassung oder eine Auslassung: in den Forschungen eines Hundes werden Leben und Umwelt der Hunde – vom Standpunkt eines Hundes ausgesehen – mit höchster Genauigkeit, gleichsam „wissenschaftlich“ behandelt, die Existenz des Menschen hierbei aber vollständig gestrichen. Das führt dazu, daß der berichtende Hundewissenschaftler äußerst komplizierte Theorien darüber ersinnen muß, daß die Nahrung, die doch eigentlich auf der Erde wächst (und zu diesem Zwecke „besprengen“ die Hunde die Erde so fleißig und ausdauernd), rätselhafterweise fast immer von oben aus der Luft herunterkommt. Es werden also die Schwierigkeiten geschildert, mit denen es eine ahumanistische Weltanschauung der Hunde, ein Atheismus der Hundewelt gewissermaßen, zu tun hat.

Die Einführung eines irrealen Moments in die Wirklichkeit erinnert ein wenig an die moderne Metageometrie. Auch hier ist ja alles genau so streng geordnet wie in der alten euklidischen Geometrie. Ein wesentlicher Grundsatz dieser alten Geometrie ist nur abgeändert: das Parallelenaxiom. Auf Grund dieser einen scheinbar irrealen Voraussetzung entsteht nun eine neue geometrische Welt, die für unseren realen Raumsinn nur schwer vorstellbar, in ihrer inneren Struktur jedoch von höchster geometrischer Logik ist, so daß sich in diesem „krummen“ Raum jede Konstruktion fehlerlos, jede Rechnung einwandfrei durchführen läßt.

Ähnlich wie diese Metageometrie zu unserer Tagesgeometrie verhält sich die Welt Kafkas zu unserer Tagesrealität. Eine Grundvoraussetzung ist abgeändert, sonst wird alles mit präzisester Logik durchgeführt. Dieser Vergleich mag die Bedeutung der Kafkaschen Irrealität erhellen. Die Metageometrie bereichert mit Hilfe einer gewissen Veränderung unserer scheinbaren Wirklichkeit die Erkenntnis dieser Wirklichkeit. Es gibt noch manche anderen Analogien. Ein Vergrößerungsglas zum Beispiel bewirkt eine Verzerrung der Wirklichkeit ins Große; es verfälscht also eigentlich die Wirklichkeit und zeigt uns doch mehr von der Wirklichkeit. Ein weiteres Beispiel: eine andere Perspektive, die Vogel- oder die Froschperspektive, ist auch eine Verfälschung des natürlich gegebenen Blickpunktes und läßt uns doch neue Seiten der Wirklichkeit sehen. Nicht anders ist der Sinn der Metarealität bei Kafka: diese eigenartige Irrealität führt zu einer tieferen Erfassung der Alltagsrealität. In der metarealistisch veränderten Welt werden plötzlich Realitäten unserer Seele, Tatsachen unserer metaphysischen Situation klar erhellt und zum unheimlichen Kontrapunkt unserer Existenz. Dieses irreale Gericht im „Prozeß" läßt mit seiner irrealen Anschuldigung ein Schuldgefühl in uns bewußt werden, das sich hinter der Realität des Tages verbarg. Unter den eklen Chitinkrusten des Riesenkäfers fühlen wir symbolhaft erst das wahre Erlebnis der Isoliertheit. Im komplizierten Hamsterbau (Der Bau) erleben wir unsere eigene Sorge um die existenzielle Sicherheit mit all ihren Enttäuschungen. Der menschgewordene Affe schließlich zeigt uns den Affen, den die Menschen aus dem Menschen gemacht haben.

Visionen

Diese knappe Darstellung mag genügen, um eine kurze Charakteristik jener Welt zu geben, die man als Kafka-Welt bezeichnen könnte, jener Welt, die sich bei aller inneren Wahrheit von unserer normalen Welt – genauer müßte man wohl sagen: von der realen Welt zur Zeit Kafkas – unterscheidet. Denn die Wirklichkeit hat sich indessen geändert und zwar merkwürdigerweise ganz im Sinne Kafkas; so daß man vielleicht den Widerhall, den Kafkas Schriften in der Welt fanden, nicht nur darauf zurückführen kann, daß sich das menschliche Bewußtsein in der Richtung zu Kafka entwickelt hat, sondern daß die Welt selbst in mancher Hinsicht zur Kafka-Welt geworden ist – ja, einige Schilderungen in Kafkas Romanen muten uns bis ins Detail geradezu wie Visionen an.

Der „Prozeß" beginnt mit einer plötzlichen Verhaftung. In frühester Morgenstunde erscheinen zwei stramme Abgesandte einer Behörde bei K. und verhaften ihn ohne Vorlage eines Haftbefehls und ohne Angabe von Gründen. Kafka schildert die Männer folgendermaßen: „Sie waren schlank und doch fest gebaut, trugen anliegende Kleider, die ähnlich den Reiseanzügen mit verschiedenen Falten, Taschen, Schnallen, Knöpfen und einem Gürtel versehen waren." Auf K.s Fragen: „Warum bin ich denn verhaftet? Leben wir denn nicht in einem Rechtsstaat?" antworten die beiden : „Wir sind nicht bestellt, es Ihnen zu sagen." Sie teilen ihm weiter mit, daß seine Habseligkeiten ins „Depot" kommen sollen und plappern dabei ein wenig aus der Schule: „Sie bekommen dann schließlich nach Abschluß des Prozesses vom Depot allerdings den Erlös für Ihre Sachen, aber dieser Erlös ist an sich schon gering, denn beim Verkauf entscheidet nicht die Höhe des Angebots, sondern die Höhe der Bestechung und weiter verringern sich solche Erlöse erfahrungsgemäß, wenn sie von Hand zu Hand und von Jahr zu Jahr weitergegeben werden."

K.s Verhaftung erfolgt nicht wegen einer Schuld, die in irgendeinem menschlichen Gesetzbuch zu finden wäre. Sie ist, spürt man, eine existenzielle Schuld, eine Schuld also, die auf einem ganz anderen Gebiet liegt als jene Schuldgründe, die zu Kafkas Lebzeiten Verhaftung und Urteil nach sich zogen. Nun, man kann – mit gutem Recht auch eine biologische Schuld existenziell nennen.

In den nachgelassenen Papieren Kafkas findet sich eine Skizze, von der heute nicht mehr festgestellt werden kann, ob sie in ein geplantes größeres Werk gehört oder nur die Schilderung einer Situation ist, die plötzlich in Kafkas Phantasie auftauchte; sie lautet:

„Es kam ein Herr zu uns ... ging mit den Eltern ins Schlafzimmer, sie waren ganz gefangen von dem, was er sprach, und schlossen geistesabwesend die Tür hinter sich; als ich ihnen nachgehen wollte, hielt mich Frieda, die Köchin, zurück; natürlich schlug ich um mich und weinte, aber Frieda war die Stärkere ... Sie ließ erst von mir ab, als die Mutter aus dem Schlafzimmer herauskam ... Ich hielt mich an den Rock der Mutter. ‚Was will der Herr?‘ fragte ich. ‚Ach‘, sagte sie und küßte mich, ‚es ist nichts, er will nur, daß wir verreisen.‘ Da freute ich mich sehr, denn im Dorf, wo wir immer während der Ferien waren, war es viel schöner als in der Stadt. Aber die Mutter erklärte mir, daß ich nicht mitfahren könne, ... auch würden sie nicht ins Dorf fahren, sondern in eine Stadt, viel weiter, doch verbesserte sie sich, als sie sah, wie ich erschrak, und sagte, nein, die Stadt sei nicht weiter, sondern viel näher als das Dorf. Und als ich es nicht recht glauben wollte, führte sie mich zum Fenster und sagte, die Stadt sei so nahe, daß man sie fast vom Fenster aus sehen könne, aber das stimmte nicht, wenigstens nicht an diesem trüben Tag, denn man sah nichts weiter, als was man immer sah ... Dann ließ sie mich stehen, lief in die Küche, kam mit einem Glas Wasser ... und schob mich vor sich her ins Schlafzimmer. Dort saß der Vater müde im Lehnstuhl und langte schon nach dem Wasser. Als er mich sah, lächelte er und fragte, was ich dazu sage, daß sie verreisen würden. Ich sagte, daß ich gern mitfahren würde. Er sagte aber, daß ich noch zu klein sei, und es sei eine sehr anstrengende Reise. Ich fragte, warum sie denn fahren müßten. Der Vater zeigte auf den Herrn. Der Herr hatte goldene Rockknöpfe und putzte eben einen mit dem Taschentuch. Ich bat ihn, er möge die Eltern zu Hause lassen, denn wenn sie wegfahren würden, müßte ich mit Frieda allein bleiben und das sei unmöglich ..."

Im Prozeß kommt eine Szene vor, die Der Prügler heißt. In ihr werden die beiden Wächter, welche K. seinerzeit verhaftet hatten, geprügelt. Es heißt da: „‚Ich warte noch immer', sagte der Prügler, faßte die Rute mit beiden Händen und hieb auf Franz ein. Da erhob sich der Schrei, den Franz ausstieß, ungeteilt und unveränderlich, er schien nicht von einem Menschen, sondern von einem gemarterten Instrument zu stammen, der ganze Korridor dröhnte von ihm, und das Haus mußte es hören."

Dann auch die Schlußszene des Prozeßromans: Die beiden Henker führen K., der rechtlich nie verurteilt worden ist, in eine Schlucht und die letzte Aussage bringen dann die Schlußworte des Romans: „War noch Hilfe? Gab es Einwände, die man vergessen hatte? ... Wo war der Richter, den er nie gesehen hatte? Wo war das hohe Gericht, bis zu dem er nie gekommen war? Er hob die Hände und spreizte die Finger. Aber an K.s Gurgel legten sich die Hände des einen Herren, während der andere das Messer ihm ins Herz stieß und zweimal dort drehte. Mit brechenden Augen sah noch K., wie die Herren nahe an seinem Gesicht, Wange an Wange gelehnt, die Entscheidung beobachteten. ‚Wie ein Hund!' sagte er, es war, als sollte die Scham ihn überleben."

Das alles ist um 1914 geschrieben worden, zu einer Zeit also, da nicht in Kellern geprügelt wurde, da keine Uniformierten nachts in Familien eindrangen, um sie zu deportieren, da keine Menschen ohne Urteil „wie Hunde" hingerichtet wurden ... Es waren Phantasien ...

Ein anderes Thema: Es ist wohl eines der charakteristischsten Merkmale der von Kafka geschilderten Welt, daß in ihr das Schicksal in der Gestalt eines bürokratischen Apparates auftritt. Selbst der Himmel erscheint wie ein Amt, die entscheidenden Mächte sind hohe Beamte, alles spielt sich in Akten ab, der Mensch ist in den Händen von Sekretären. So verwandelt sich bei Kafka die Welt des Schicksals in die Welt der Bürokratie. Nun, es hat schon zu Kafkas Lebzeiten Behörden gegeben, und er selber war ja Beamter. Aber man konnte damals noch keineswegs wissen, daß hier die Keimzelle einer ungeheuren Entwicklung war: die Verwandlung der wirtschaftlichen, politischen, sozialen und kulturellen Welt in Bürokratie. Je weiter die Entwicklung fortschreitet, desto mehr erkennt man, daß an die Stelle der konservativen, der liberalen und der sozialistischen Weltordnung in Wahrheit die bürokratische tritt. Immer mehr, früher als privat angesehene, Angelegenheiten werden nun durch Beamte geregelt. Und amtliche Regelungen haben ihre eigene Psychologie. Es ist die Psychologie der Akten und Registraturen, der Protokolle und Dokumente, der Zeugnisse und Vorladungen, der Departements und Kompetenzen, kurz alles das, was Kafkas Romane schildern. Die Bürokratie hat ihre eigene Entwicklung: sie vermehrt sich durch Teilung. Sekretäre erfordern Untersekretäre und diese wieder Stellvertreter und Gehilfen. Aber auch die Akten vermehren sich und produzieren neue Akten und diese werden zu Akten-Säulen, wie Kafka es eben schildert. Es kommt auch zu keiner Entscheidung, nur zu Zwischenerledigungen und Sitzungsprotokollen. Über diese amtlichen Entscheidungen aber sagt Kafka:

„Man ist im Schlosse sehr langsam, und das Schlechte ist, daß man niemals weiß, was diese Langsamkeit bedeutet; sie kann bedeuten, daß die Sache im Amtsgang ist, sie kann aber auch bedeuten, daß der Amtsgang schon beendet ist, und man aus irgendwelchen Gründen die Zusicherung zurückgezogen hat … Es ist hier die Redensart: Amtliche Entscheidungen sind scheu wie junge Mädchen.“

Kafka lag gewiß die Absicht fern, Bilder künftiger Entwicklungen zu geben. Seine dunklen Phantasien waren lediglich Mittel, seelische Situationen zu gestalten. Er hat sicherlich nicht geahnt, daß diese Phantasien zum großen Teil Visionen waren.

Die Deutung

Die Mannigfaltigkeit der Interpretationen

Es gibt wohl wenige Dichter, bei denen das Problem der „Deutung“ eine solche Rolle spielt, wie dies bei Kafka der Fall ist. Die Darstellung des jeweiligen Stoffes scheint geradezu auf „Deutung“ angelegt zu sein. Nicht einen Augenblick verläßt den Leser das Gefühl: was da erzählt wird, steht nicht für sich allein, es muß noch etwas dahinter sein, es „bedeutet“ etwas. Die Erzählung besitzt ein Schwergewicht, das nicht von der „Vordergrund-Erzählung“ selber herrühren kann.

Viele Autoren haben sich an den verschiedensten und oft sogar ganz entgegengesetzten Deutungen versucht; das Ergebnis ist daher auch sehr bunt. Eine Aufzählung aller Deutungen ist heute kaum noch möglich. Dennoch lassen sich unter ihnen gewisse gemeinsame Gesichtspunkte feststellen und diese zu Gruppen zusammenfassen:

Da sind vor allem die biographischen Deutungen, die Kafkas Dichtungen als Sinnbilder seiner Erlebnisse und Schicksale auffassen, als Symbole seines körperlichen Minderwertigkeitsgefühls, seiner Berufssorgen, seiner Beziehungen zu Frauen, seiner Verlobungsverwicklungen, seiner Krankheit u. a. m.

Ihnen nahe verwandt sind die psychoanalytischen Deutungen. Hier seien vor allem Hellmuth Kaysers: Franz Kafkas Inferno und Charles Neiders Buch: The frozen Sea genannt. Diese Interpretationen sind natürlich sehr verlockend. Man hat bei der Lektüre seiner Werke tatsächlich manchmal den Eindruck, als habe Kafka, der ja etwas über Psychoanalyse wußte, seinen psychoanalytischen Deutern das Material zum Greifen nahe hingelegt. Einen offener dargelegten Vaterkomplex gibt es wahrscheinlich nicht. Die analytische Interpretation geht natürlich in ein Detail der Symbole ein, über das der Laie oft nur staunen kann, wobei aber hervorgehoben sei, daß Kayser zum Beispiel sehr einsichtsvoll davor warnt, von der Psychoanalyse mehr zu erwarten und zu verlangen, als sie bieten kann. „Man muß daher“, schreibt er, „den mit solchen Untersuchungen nicht vertrauten Leser warnen, etwa zu glauben, daß durch diese Untersuchungen der ‚eigentliche Kafka‘ ans Licht käme, während die auf Grund nichtanalytischer

Anschauung erfaßte, bewußtseinsnähere Gestalt des Dichters nur eine trügerische Maske sei. Es kommt nicht in Frage, daß wir das Charakterbild Kafkas, wie es seine Freunde und Bekannten sich bildeten, korrigieren. Wir erforschen vielmehr eine Schicht seines Wesens, die eben nur der analytischen Betrachtung zugänglich ist und die bei den meisten Menschen dauernd im Dunkel bleibt."

Dann die jüdischen Deutungen. Die Rolle, die das Judentum im Leben Kafkas spielte, ist bekannt. Es ist kein Wunder, daß es auch in den Umkreis der Interpretationen einbezogen wurde. Allgemein bekannt ist ferner, daß in Kafkas Romanen und Erzählungen kein Jude vorkommt, und auch nicht der geringste Hinweis erscheint, daß es sich vielleicht um jüdische Personen handeln könnte. Dennoch meinen viele Interpreten, daß in den Romanen und in vielen seiner Erzählungen Situationen geschildert werden, durch welche die Lage der Juden oder des Juden symbolisiert wird. In manchen seiner Dichtungen ist diese Interpretation durchaus nicht von der Hand zu weisen. Max Brod hat zum Beispiel von Anfang an – mit Recht – darauf hingewiesen, daß im „Schloß" in der Lage des K., des ausgeschlossenen Landfremden, der nicht heimisch werden kann, die Situation des Juden mitschwingt. In dieser Betrachtungsweise der Werke Kafkas geht

Günther Anders[38] nun wesentlich weiter. Er ist der Ansicht, daß nicht nur der Schloßroman, sondern ein beträchtlicher Teil von Kafkas Erzählungen in Wahrheit von Juden handelt. Anders glaubt, daß in der Erzählung Der Riesenmaulwurf, der Erzähler, der für den Dorfschullehrer eintritt, der da behauptet einen Riesenmaulwurf entdeckt zu haben, obwohl er, der Erzähler, an die Existenz dieses Maulwurfs gar nicht glaubt, ein Symbol des aufgeklärten Juden sei, der für den frommen Juden eintrete, ohne selber an die Wahrheit seiner Lehren zu glauben. Anders deutet ferner darauf hin, daß in der Geschichte Josefine, die Sängerin oder das Volk der Mäuse das Volk der Mäuse das jüdische Volk symbolisiere, und das ist zweifellos richtig. Die Schilderung des Volkes der Mäuse, stets verfolgt und doch nicht umzubringen, enthält deutliche Hinweise. „Das Volk ist“, heißt es in dieser Geschichte, „leidensgewohnt, sich nicht schonend, schnell in Entschlüssen, den Tod wohl kennend … ebenso fruchtbar wie wagemutig.“ Oder an anderer Stelle: „Eine gewisse unerstorbene, unausrottbare Kindlichkeit durchdringt unser Volk; im geraden Widerspruch zu unserem Besten, dem untrüglichen praktischen Verstand, handeln wir manchmal ganz und gar töricht, und zwar eben in der Not, wie Kinder töricht handeln, sinnlos, verschwenderisch …“ Diese

Kindlichkeit ist das zur Bewahrung des Gleichgewichts so notwendige Gegengewicht zur Schwere des Volksschicksals. Man spürt in der Darstellung des Mäusevolks ein großartiges, sonst in Kafkas Dichtung fehlendes Vertrauen zum natürlichen Leben (Josefine ist eine seiner letzten Schöpfungen), ein Zutrauen zur biologischen Existenz des Volkes. Man lese nur die wunderbare Schilderung der Fruchtbarkeit dieses Mäusevolkes: „Aber aus unserem Volk strömen in allerkürzesten Zwischenräumen die unabsehbaren Scharen unserer Kinder, fröhlich zischend oder piepsend, solange sie noch nicht pfeifen können, sich wälzend oder Kraft des Drucks weiterrollend, solange sie noch nicht laufen können, täppisch durch ihre Masse alles mit sich fortreißend, solange sie noch nicht sehen können, unsere Kinder! Und ... immer wieder neue, ohne Ende, ohne Unterbrechung, kaum erscheint ein Kind, ist es nicht mehr Kind, aber schon drängen hinter ihm die neuen Kindergesichter, ununterscheidbar in ihrer Menge und Eile, rosig vor Glück." Die Lebenskraft dieses Volkes ist so groß, daß es selbst Josefine – mag sie nun die Kunst oder die Religion verkörpern – überlebt. Der Schluß der Erzählung lautet: „Bald wird die Zeit kommen, wo ihr letzter Pfiff ertönt und verstummt ... Sie ist eine kleine Episode in der Geschichte unseres Volkes."

Es gibt auch politische Interpretationen und manche von ihnen grenzen ans Absurde. So kommt Günther Anders zu der Behauptung, daß Kafka ein „Moralist der Gleichschaltung" sei, daß er den kategorischen Imperativ (!) aufstelle: „Führe die Pflichten, die du nicht kennst, präzise aus!" Er bejahe und empfehle die faschistische Moral und Gleichschaltung (!). Seine moralische Botschaft heiße: „Sacrificium intellectus" und seine politische: „Selbsterniedrigung" (!). Also nicht ein Vorahner totalitärer Systeme sei Kafka – daran kann etwas richtig sein –, sondern ihr Bejaher und Gesetzgeber! Für den, der eine Ahnung von Kafkas wahrem Wesen hat, ist es wirklich eine arge Zumutung, diese Interpretation zu hören. Es ist begreiflich, daß Max Brod der von Günther Anders entwickelten Theorie aufs schärfste widersprochen hat. Die wichtigste Gruppe der Interpretationen ist jedoch die religiöse. Aber auch diese Auslegungen tragen in sich wieder sehr verschiedenen Charakter.

Die religiöse Thematik

Daß es Kafka in seinen Dichtungen um die religiöse Situation des Menschen geht, daß er sie in seinen Werken darstellen oder bloßlegen will, daß sie es im Grunde ist, die er „meint", dürfte kaum einem Zweifel unterliegen. Für die Interpreten Kafkas ergibt sich damit die Frage: welche „religiöse Position" meint Kafka nun? Auch hier gehen die Auffassungen weit auseinander.

Was bedeutet „religiöse Position" in ihrem weitesten Sinn überhaupt? Hier muß man vom Urfaktum des Menschen ausgehen, von seinem Bewußtsein. Es hat ihn von der bedrückenden Not des Augenblicks, die der vitalen Sphäre eigen ist, befreit. Er kann – unbegrenzt – über das Bedürfnis des nächsten Augenblicks hinaus denken. Er hat nicht nur die ihn unmittelbar umgebende Welt vor sich, er kann seinen Horizont ausdehnen, immer weiter dehnen und spürt bald, daß die ihn umgebende Welt nur ein kleiner Teil der wirklichen Welt und die Befriedigung seiner Bedürfnisse, die seine vitale Existenz ausfüllen, nur ein winziger Teil des wirklichen Geschehens ist. Je weiter die Wissenschaft fortschreitet, je größer die Welt wird, die er kennt und ahnt, desto kleiner wird ihm seine eigene Umwelt.

Das Bewußtsein bringt aber noch eine weitere entscheidende Veränderung gegenüber dem organischen Sein. Da der Mensch infolge der Ungebundenheit des Bewußtseins nicht gefesselt ist an den triebbedingten Zwang des Hier und Jetzt, da er sich frei fühlt, gerät er in Beziehung zu der Welt außerhalb des nächsten Orts und Augenblicks, zu dem Unbekannten und Unbegrenzbaren, von dem er sich abhängig fühlt, obwohl ihm durch das Bewußtsein eine gewisse Freiheit gegeben ist. Diese Beziehung zu dem Unbekannten, Unendlichen mit ihrer Wirkung auf Gefühl und Wille ist es, was man im weitesten Sinn religiöse Beziehung oder – um von irgendeiner besonderen, festgelegten Art dieser Beziehung abzusehen – die existentielle Situation zu nennen pflegt.

Aus dieser Situation, der Tatsache also, daß das Ich jenem Teil des Seins, der über das Faßbare hinausgeht – der „Transzendenz“ mithin – gegenübersteht, ergeben sich die verschiedenen religiösen Positionen.

Der Mensch in dieser existentiellen Position ist das Thema Kafkas, wenn man die Interpretation bis in die weiteste Sphäre dringen läßt. Sein Held ist der Mensch, den in der Ahnung einer unendlichen Vollkommenheit das Gefühl der eigenen Unvollkommenheit packt, dem seine Unvollkommenheit immer unheimlicher wird, je tiefer er in sich hineinsteigt, der aber gleichzeitig das überirdische Bild der Vollkommenheit in sich trägt. Doch er birgt diese Vollkommenheit nicht etwa nur als Bild in sich, sondern als etwas, das ihn persönlich angeht, mit dem er es zu tun hat, sei es, daß er zu diesem Vollkommenen hinstrebt, dass er etwas von ihm fordert oder daß er etwas Entscheidendes für es zu vollbringen hat, das nur ihm auferlegt ist, oder wenigstens, daß er erst an diesem Bild der Vollkommenheit seine eigene Verlorenheit erkennt. Aus dieser Grundposition ergeben sich einzelne für Kafka charakteristische Teilrichtungen der religiösen Thematik:

Das Streben, des Vollkommenen teilhaftig zu werden. Die Sehnsucht nach einer richtigen „Existenz", nach einem Zuhause, ist das Thema des „Schlosses". Man kann das Streben des K., im Dorf seßhaft zu werden, als vollwertiger Mitbürger anerkannt zu werden, seine Heimat zu haben und ein richtiges Leben in der Gemeinschaft zu führen – durch den Ernst dieses seines Strebens ergriffen –, immer tiefer fühlen bis zur Sehnsucht, des vollkommenen Seins teilhaftig zu werden. Die Erlebnisse des K. sind die Erlebnisse eines Menschen, der um dieses Ziel kämpft und alle Niederlagen erleidet, die dem Menschen auf diesem Wege beschieden sind.

Die Niederlagen. Nichts ist im „Schloß" – aber auch in anderen Dichtungen Kafkas – überzeugender als dieses Immer-wieder-Unterliegen. Aus all dem entsteht das durchdringende Gefühl der nicht zu bewältigenden Entfernung. Jeder Erfolg erweist sich als ein Scheinerfolg und bietet gleichzeitig einen ganz neuen überraschenden Einblick in die Weite der Entfernung des Ziels. Hier erweist sich das Bild der Beamtenhierarchie als ein überzeugendes Darstellungsmaterial. Gerade aus dieser komischen Pyramide von Oberverwaltern und Unterverwaltern, höheren Richtern und niederen Richtern, Schloßsekretären und Dorfsekretären, Gerichtsdienern, gelegentlichen Dienern, fallweisen Boten und so fort erwächst die Vorstellung der Hoffnungslosigkeit, jemals durch diese Kette von Beamtengraden hindurchzudringen zum Höchsten, zum Schloß, zum Wahren, zum Herrn.

Die unendliche Entfernung zwischen dem Menschen und dem Absoluten. Es ist eine spezifische, charakteristische Unendlichkeit, keine abgeschlossene, fertige; es ist deshalb mehr eine nicht abschließbare Endlichkeit, ein „Unvollendbar". Denn die Entfernung ist nicht von vornherein als unendlich gegeben, sie wird seltsamerweise nur mit jedem Näherungsversuch größer. Kafka stellt dieses unendlich Wachsende der Entfernung sehr oft dar, und zwar bedient er sich dazu des Mittels der Interpolationen durch Einschiebung immer neuer Hindernisse. Der Mann, der in der Erzählung Vor dem Gesetz vor der Tür des Gesetzes steht, kann nicht hinein, weil ein Türhüter ihn daran hindert; und er verliert den Mut weitervorzudringen, weil dieser Türhüter zu ihm sagt: „Ich bin mächtig. Und ich bin nur der unterste Türhüter. Von Saal zu Saal aber stehen Türhüter, einer mächtiger als der andere. Schon den Anblick des dritten kann nicht einmal mehr ich ertragen." Das ist eine erdrückende Art der potentierten Interpolation, gleichsam die dichterische Darstellung einer geometrischen Progression. Auch in der Kaiserlichen Botschaft ist diese Steigerung der Entfernung wunderbar dargestellt in den Überwindungsversuchen, da hier der umgekehrte Weg gezeigt wird vom Höchsten zum Einzelmenschen und in einem langen herrlich geschwungenen Satz die Fülle der aufsteigenden Hindernisse auf dem Wege des kaiserlichen Boten uns mit dem Gefühl der unendlichen Entfernung förmlich erdrückt. Allen Helden Kafkas ergeht es ähnlich. Der K. im „Prozeß" gelangt nie zum wahren Richter, sondern bestenfalls zu kleinen Unterinstanzen, die nur dazu da sind, ihm die Entfernung vom höchsten Richter zu zeigen. Auch der K. im „Schloß" gelangt nie in dieses Schloß, so klar er es auch vor sich sieht und gelangt trotz all seiner Unermüdlichkeit nur zu einem kleinen Aushilfsboten des Schlosses, der selber ein Paria im Dorfe ist und – wie sich schließlich herausstellt – selber vom Schloß fast ebenso weit entfernt ist wie K.

Das Gefühl der Unsicherheit. Es ist die logische Folge dieser Situation. Dieses Gefühl der Unsicherheit sowie die Sehnsucht nach Sicherheit ist in der

Tiergeschichte Der Bau dargestellt. Ein in der Erde lebendes Tier schildert seine Sorgen um die Sicherheit seines Baues. Man spürt die Unendlichkeit dieser Sorge, um welches System der Sicherheit immer es sich hier handeln mag, vielleicht gar um die Sicherheit des Systems selbst. Es gibt keine Sicherheit, höchstens einen Ersatz, ein zeitweiliges Versinken in dem Genuß des Besitzes. Doch dieses Scheinglück währt nie lange, und dann beginnt die endlose Dialektik der Sorge um die Sicherheit aufs neue.

Das Gefühl der Verlassenheit. Mit dem Erlebnis der Unsicherheit ist das Gefühl der Fremdheit eng verknüpft. Es ist charakteristisch, daß im „Schloß" das Bestreben zum Schloß vorzudringen, mit dem Wunsch zusammenfällt, ein vollwertiges Mitglied der Dorfgemeinschaft zu werden. In der Erzählung Die Verwandlung ist dieses Gefühl des Abgesondertseins von einer Gemeinschaft noch krasser dargestellt. An dem Morgen, an dem der Held sich in einen lebensgroßen Käfer verwandelt findet, ist jede Gemeinschaft mit der Familie und der Welt dahin; volle Fremdheit ist über ihn verhängt, eine Fremdheit, die nur noch von dem Haß und dem Ekel übertroffen wird, den die Fremdheit seiner Erscheinung bei jenen erzeugt, die ihm die Nächsten sind. Im Grunde verstehen wir diese Erzählung allerdings erst richtig, wenn wir erkennen, daß nicht dieser Sohn Gregor Samsa im Mittelpunkt der Handlung steht, sondern jene Familie, der dieser Sohn sein Leben und seine ganze Kraft gewidmet hat. Mit diesem Unglück, das sie als ihr Unglück empfindet, muß die Familie sich nun auseinandersetzen: Die Mutter möchte in ihrer Schwäche von der ganzen Sache am liebsten nichts wissen, die Schwester erlahmt bald in ihren anfänglichen tapferen Versuchen, dem Bruder in seiner jetzigen ekelhaften Gestalt beizustehen, der Vater schließlich jagt ihn aus dem Zimmer, bombardiert ihn mit Äpfeln, bis er ihn so verletzt, daß Gregor daran stirbt. Als die Familie dann erfährt, daß die Bedienerin das lästige Ungeziefer in den Mistkübel geworfen hat, atmet sie erleichtert auf und begibt sich – von der Last befreit – mit neuen Zukunftshoffnungen auf einen herrlichen Ausflug vor die Stadt.

Die Rolle der Frau. Auf dem Wege zum Absoluten spielt bei Kafka die Frau eine seltsame Rolle. Fast alle Helden Kafkas versuchen den Weg zum Heil über die Frau einzuschlagen. Meist hat die Frau eine unterirdische Verbindung mit dem geheimnisvollen Ziel, fast alle sind ehemalige Geliebte höherer Beamter oder Richter. Hier wirkt eine geheimnisvolle Querverbindung zwischen dem Vitalen und dem Existentiellen.

Die Schuld. Sie ist ein Zentralbegriff in Kafkas Religiosität und das Hauptanliegen seines Romans „Der Prozeß“.

„Der Prozeß“

Der Held des Romans Josef K. wird – so beginnt der Roman – eines Morgens verhaftet, zu seiner größten Überraschung einer angeblichen Schuld angeklagt und vor einen geheimnisvollen Gerichtshof gestellt, ohne daß ihm oder dem Leser über diese Schuld Näheres mitgeteilt wird. Eben dieser Schuld wegen wird er schließlich auf grausamste Weise hingerichtet. Diese ganze Geschichte wird so erzählt, als sei ein solches Ereignis – wegen einer nie auch nur von ferne angedeuteten Schuld hingerichtet zu werden – eines der natürlichsten Dinge der Welt. (Kafka hat den Roman 1914 verfaßt!) Auch der Dichter zeigt in seiner Erzählung nicht die geringste Verwunderung über die grauenvolle Entwicklung der Dinge, die er berichtet. Der Held selber geht auf den Prozeß ein; wenn auch nicht gerade gern und mit kleinen inneren Protesten, nimmt er in Wirklichkeit den Prozeß an und befolgt alle Befehle des geheimnisvollen Gerichts mit höchster Gewissenhaftigkeit. Er wünscht wohl, daß die ganze Geschichte nur ein böser Traum sei – mit dem er natürlich manche Eigenschaften gemein hat –, tatsächlich gerät er aber immer tiefer in den Prozeß, der immer bedrohlichere Wirklichkeit für ihn wird, bis er schließlich mit seiner Hinrichtung endet.

Der Leser fragt sich sofort: was ist das für eine Schuld, um die Josef K. soviel leidet?

Eine Schuld lädt jemand auf sich, der durch eine Tat oder eine Unterlassung ein Gesetz oder ein Gebot verletzt hat, ein Strafgesetz, ein Sittengesetz oder ein religiöses Gesetz. Er ist dann von dem durch ein Gesetz als richtig bezeichneten Wege abgewichen und befindet sich somit auf einem falschen Weg. Das ist eine Schuld. Und das ist tatsächlich auch das Schicksal sehr vieler Helden in Kafkas Erzählungen: sich auf dem unrichtigen Wege zu befinden. Irgendeinmal muß das Geleise falsch gestellt worden sein; das ist offenbar dem Josef K. passiert. Aber welches ist denn der richtige Weg? Gäbe es ein klares Gesetz, dann gäbe es auch eine klare Schuld; aber dieses Gesetz wird niemals mitgeteilt.

Auch in seinen Tagebüchern variiert Kafka diesen Gedanken: „Es ist sehr gut denkbar, daß die Herrlichkeit des Lebens für jeden und immer in ihrer ganzen Fülle bereitliegt, aber verhängt, in der Tiefe, unsichtbar, sehr weit. Aber sie liegt dort, nicht feindselig, nicht widerwillig, nicht taub. Ruft man sie mit dem richtigen Wort, beim richtigen Namen, dann kommt sie.“ [39]

Welches ist das richtige Wort, welches der richtige Name, welches der richtige Weg? Es bietet sich wohl eine Erklärung: Es gibt einen richtigen Weg, doch um ihn zu finden und ihn zu gehen, hilft kein geschriebenes Gesetz, denn das existiert nicht. Es genügt auch nicht, den natürlichen Trieben zu folgen, und auch mit der Vernunft läßt es sich nicht finden. All diese Wegweiser besitzen zwar eine gewisse Gültigkeit, aber sie genügen nicht; es muß noch etwas hinzukommen, etwas, was offenbar außerhalb des natürlichen Triebes und außerhalb der rationalen Einsicht ist. Und dieses irrationale Etwas ist – die Gnade.

Die Lehre von der Gnade behauptet, daß der Mensch allein, aus eigener Einsicht und Kraft, nicht den richtigen Weg gehen kann, sondern daß er von Gott hierzu begnadet, auserwählt sein muß. So lange der Mensch nicht „in der Gnade“ ist, ist er sündhaft. Er ist nicht schuldig in dem Sinne, daß er als Individuum ein Gesetz verletzt hat, das er hätte erfüllen können, sondern er ist eben im Stande der Schuld – seit langem schon – seit dem Sündenfall im Paradies. Aus dieser Schuld kann ihn nur die Gnade befreien; nur die Gnade kann ihn auf den richtigen Weg führen. Es gibt manche Interpretationen Kafkas christliche wie jüdische (letztere z. B. durch H. J. Schoeps[40])–, die diesen Weg gehen.

Man kann aber auch ein anderes irrationales „Etwas“ annehmen, das hinzukommen muß, um auf den richtigen Weg zu führen. Man kann aus dem Erlebnis der Verantwortlichkeit, das dem Menschen gegeben ist, folgern, daß in der sittlichen Entscheidung – neben den Vorschriften der Gesetze und den Motiven der Vernunft – noch ein Element gegeben ist, das weder auf die Natur noch auf die Vernunft zurückgeführt werden kann, sondern gleichsam ein ganz neuer Anfang ist. Es ist ein Akt der Entscheidung, der über die Vernunft hinausgeht, der die Ratio transzendiert; in diesem Schritt liegt die Freiheit – und die Schuld.

Aber Gnade und Freiheit haben eine Voraussetzung gemeinsam: die vollkommen reine, erfüllte, d. h. vollzogene, Konfrontation mit dem Ganzen des jeweils erfaßbaren Weltgeschehens. Wenn der Mensch in dieser Beziehung hinter seinen Möglichkeiten zurückbleibt, verfehlt er den Weg. Wenn er nur einem Teil der ihn lockenden Tendenzen folgt – seinem Egoismus etwa – oder wenn er sich über seine Motive täuscht, wenn er nicht imstande ist, aus dem ihm zur Gewohnheit gewordenen Gefälle seines Lebens herauszutreten, wenn er in der

„Routine" verbleibt, kann er den „richtigen" Weg nicht finden.

Dies ist die Situation, in der sich Josef K. befindet, als ihn die Vorladung zum Prozeß erreicht. Durch die Art seiner Reaktion auf diese Vorladung entwickelt sich erst seine Schuld. Denn diese Anklage ist in Wahrheit ja ein Weckruf, aus der „Routine-Situation", aus dieser Verflochtenheit in das bequeme Dahinleben des Junggesellen, in Bankbeamten-Ehrgeiz und die kleinen Liebschaften herauszutreten. Er reagiert auf diesen Anruf damit, daß er nicht etwa in die sittliche Grundsituation hinaustritt, sondern auch den Prozeß in der Form der Routine zu führen versucht – mit Advokaten und Mittelspersonen, mit Protektionen und sexuellen Annäherungen –, daß er also mit allen Kräften danach strebt, im Alltagsleben zu beharren. Josef K. antwortet auf den Anruf, aus seiner Routine-Existenz herauszutreten, mit Prozeßroutine und sieht die Mahnung zur unmittelbaren sittlichen Entscheidung im Bilde eines bürokratischen Verfahrens.

Es dämmert ihm zwar manchmal, daß „er sein ganzes Leben in den kleinsten Handlungen und Ereignissen in die Erinnerung zurückbringen, darstellen und von allen Seiten prüfen müßte", aber er kann sich zu dieser Konfrontation nicht entschließen, „jetzt, wo jede Stunde, die er noch im Aufstieg war, mit größter Schnelligkeit verging, und wo er die kurzen Abende und Nächte als junger Mensch genießen wollte". Und so sagt er sich lieber: „Es gab keine Schuld. Der Prozeß war nichts anderes als ein großes Geschäft, wie er es schon oft mit Vorteil für die Bank abgeschlossen hatte." Nein, er stellt sich nicht, er verbleibt im „man", oder er „plätschert weiter in der lauen Luft", wie Kafka in einer seiner Meditationen sagt. Und so dröhnt ihm kurz vor seinem gräßlichen Ende in der Domszene der Donnerruf des Geistlichen entgegen: „Mensch, siehst du denn nicht zwei Schritte weit?"

Josef K. aber erkennt seine Schuld nicht. Wohl erzählt ihm der Geistliche im Dom jene Legende vom Türhüter und dem Mann, der sein Leben lang vor dem Tor ins Gesetz, das nur für ihn bestimmt war, gesessen hat, ohne einzutreten zu wagen. Doch welches Tor war für Josef K. bestimmt? Hätte er vielleicht den ganzen Prozeß als Phantasie eines kranken Gewissens, als „Kabale" unbeachtet lassen sollen? Hätte er gegen das Komplott revoltieren sollen? Oder hätte er sich dem Unverständlichen unterwerfen und einfach um Gnade bitten sollen? Welchen Weg hatte er versäumt?

Fast dasselbe läßt sich von Gregor Samsa, dem Helden der Verwandlung sagen. In den Forschungen eines Hundes wird auch berichtet, daß das ganze Hundevolk vor langer Zeit auf einen Irrweg geraten sein müsse, und der Jäger Grachus – in der gleichnamigen Erzählung – ist sogar beim Sterben auf einen falschen Weg geraten und irrt seither weiter zwischen Tod und Leben einher. Das ist ferner auch der Sinn der oben erwähnten Legende Vor dem Gesetz, in der der Mann vor dem Tor einen falschen Weg ging, wenn dieser falsche Weg auch darin bestand, daß er sitzen blieb. Fast die gleiche Situation, fast die gleichen Fragen – und zwar in einem etwas fortgeschritteneren Entwicklungsstadium – finden wir im Schloß-Roman.

„Das Schloß“

In den bei den großen Romanen Franz Kafkas führt der Held einen erfolglosen Kampf mit einem übermächtigen Gegner, einem unheimlichen, unergründlichen Kollektiv, das in seiner Unerbittlichkeit und Unangreifbarkeit den Charakter des Numinosen, in seiner offenbaren Tätigkeit jedoch den Charakter eines überkomplizierten unübersichtlichen Amtes hat. Im „Prozeß“ ist es ein Gericht, im zweiten Roman ein Schloß. Was aber in Wahrheit dem Helden entgegentritt, sind nur die äußersten Ausläufer dieses Kollektivs, Sekretäre und Boten, die selber so weit vom Schloß entfernt sind, daß die Echtheit ihrer Beziehungen zu diesem Schloß immer ein wenig in Zweifel bleibt. Es sind, um einen Ausdruck Kafkas aus dem „Prozeß“ zu zitieren, Türhüter, die nicht einmal den Anblick des dritthöheren Türhüters zu ertragen vermögen. Aber die Ferne, die Macht und Unzugänglichkeit des „Amtes“ läßt es ganz deutlich als ein Symbol der Transzendenz erscheinen, jenes unabgrenzbaren Gegenübers des Menschen, dessen wahres Wesen ihm unbekannt bleibt, obwohl er ganz von ihm abhängig ist. Dennoch kann man diesem Symbol der Transzendenz nichts weniger als das Epitheton „heilig“, zuerkennen, denn es erscheint in jeder seiner Äußerungen mangelhaft, ja geradezu unsittlich. Und das bezieht sich nicht nur auf die Organisation dieses Amtes, sondern auch auf die Qualität seiner Beamten, welche die Eigenschaften sinnlicher und eitler Menschen haben. Der Darstellung dieses Amtes, seiner Funktionäre und Angestellten widmet der Dichter sein besonderes Interesse, und oft scheint diese Behörde weit mehr im Mittelpunkt der Handlung zu stehen als der Held, der mit ihr zu tun hat.

Auch im „Schloß“ scheint ja die Behörde nicht weniger im Mittelpunkt zu stehen als K., der Held. Und der Schilderung der komplizierten Geschäftsführung und Aktenbehandlung, der genauen Beschreibung der einzelnen Beamten, ihrer Tätigkeit, Kleidung, Haltung, ihren Gewohnheiten widmet der Dichter weit mehr Aufmerksamkeit als etwa der Beschreibung des Helden, über dessen Aussehen, Herkunft und Geschichte wir überhaupt nichts erfahren. Wie im Schloß die Behörde wird im „Prozeß" das Gericht trotz seiner rätselhaften und ungeklärten Kompetenz, soweit es in Erscheinung tritt, ausführlich geschildert, und es steht als der eigentlich aktive Faktor stets im Mittelpunkt des Geschehens. Der Held ist ein gejagter Mensch und zeigt durchaus keine besonderen üblen Eigenschaften. Das Gericht dagegen hat ein höchst verworrenes und inkonsequentes Verfahren, es tagt in schmutziger Umgebung, die Richter sind eitle Menschen, die sich gern in großen Posen malen lassen, sie sind Beeinflussungen zugänglich, ihre Entscheidungen sind ebenso unklar wie grausam, sie senden ebenso erbarmungslose wie lächerliche Henker aus, so daß man manchmal die beständig schwebende Frage der Schuld mit dem Satz lösen möchte: Nicht der Mörder, auch nicht der Ermordete, das Gericht ist schuldig.

So ist auch die Schloßbehörde ein sehr ungeordnetes, unverläßliches, sich selber dauernd widersprechendes Amt, das eine sinnlose und lächerliche

Agenda mit einem ungeheuren Beamtenapparat erfolglos bearbeitet. Die Beamten sind allen möglichen menschlichen Schwächen ergeben, schlafen im Amt und trinken Bier, berufen Schankmädchen zu ihrem Zeitvertreib als Geliebte und stellen in schamloser Weise unsittliche Anträge; kurz, sie tun fast alles, was für Kafka den Charakter des „Unreinen" trägt. Und trotzdem wird die überirdische Kompetenz dieser Behörde nie angezweifelt; sie ist die Macht, vor der sich der Mensch bewähren muß, wenn er bestehen will.

Für den, der die Lebensschicksale Kafkas kennt, erscheint es fast selbstverständlich, daß die Quelle dieser Darstellung der unnahbaren und verworrenen feindlichen Übermacht Kafkas „Ursprungserlebnis", sein Vater, ist. Es wäre eigentlich nur gerecht, in diesem Kampf zwischen Vater und Sohn einmal auch den Vater in den Mittelpunkt des Dramas zu stellen. Wir sind von der Psychoanalyse her gewöhnt, uns an den Sohn zu halten und das ganze Schicksal im wesentlichen aus seinen Komplexen und Verdrängungen abzuleiten, ohne uns allzu sehr um den Beitrag zu kümmern, welchen vielleicht die Eltern zu der Entwicklung geleistet haben. Es wäre zudem nicht nur gerechter, sondern für das Verständnis gewiß förderlicher, hier auch auf den Dialog zu achten und sich nicht nur mit dem fast immer gleichbleibenden Monolog zu beruhigen.

Im Falle Kafkas haben wir nun, seit sein berühmter „Brief an den Vater" veröffentlicht wurde, ein klares und – das fühlt wohl ein jeder, der ihn liest – unverfälschtes Bild nicht nur dieses Vaters, sondern auch seines Verhältnisses zu diesem Sohn. Nach dieser Schilderung war er – bei aller Tüchtigkeit, Arbeitsamkeit und Sorge für das leibliche Wohl seiner Familie – ein Egoist, der seine Umgebung tyrannisierte, sich in Schimpforgien Luft machte, sich immerfort bedauerte, seine Angestellten schlecht behandelte, auf die Eigenart seiner Kinder in keiner Weise einging, ja wohl auch keine wirkliche Beziehung zu ihnen hatte, und ihn, den zarten scheuen reinen Sohn, in der häßlichsten Weise erniedrigte. Dennoch hat Kafka nie die Autorität seines Vaters geleugnet, bis ins letzte Lebensjahr konnte er sich seinem Einfluß nicht entziehen, er war für ihn – einfach als sein Erzeuger – eine höhere Macht; er sah wohl mit offenen Augen seine Fehler, aber er fühlte, daß diese Macht mit all ihren Fehlern für ihn ein unentrinnbares Verhängnis war. Ist es nun ein Wunder, wenn bei der Transponierung dieser Schicksalsgestalt seines Lebens auf die Ebene der Transzendenz es zu dieser Darstellung der überirdischen Instanzen kam, deren

Mängel ebenso groß waren wie ihre Macht und denen gegenüber es weder Sieg noch Flucht gab?

So entstanden die Bilder des Gerichts und des Schlosses mit dem inneren Widerspruch von Transzendenz und Unheiligkeit. Damit gilt es nun sich auseinanderzusetzen. Zu welcher religiösen Position führte Kafka sein Schicksal? Und was bedeuten diese so widerspruchsvoll gezeichneten Symbole der Transzendenz? Der Hinweis auf den Vater ist keine Antwort mehr, das war nur das Ursprungserlebnis, der Ausgangspunkt. Wohin ist er gelangt?

Es ist leicht einzusehen, daß die Darstellung, die Kafka von den Beziehungen des K. und der Dorfbewohner zum Schloß gibt, in dem Moment zu verschiedenen Deutungen führen mußte, da man aus der Darstellung der existentiellen Situation zu einer „Lehre" gelangen wollte. Trotz der Fülle der Deutungen lassen sich drei Grundtypen unterscheiden: die Weltanschauung des Nihilismus, die Religion der Gnade und die freie Vertrauensentscheidung dem Unendlichen gegenüber ohne Verzicht auf die Vernunft.

Die nihilistische Deutung nimmt den folgenden Standpunkt ein: die Darstellung zeigt deutlich, daß die Transzendenz eine Täuschung ist; eine „Kabale" sagte ein Kritiker. Die Gottheit ist ad absurdum geführt; es ist kein Gott; oder aber es ist ein böser Gott, ein übermächtiges Weltgeschehen, vor dem es keine Rechtfertigung, bei dem es keine Erlösung und keinen Sinn des menschlichen Geistes gibt.

Zweitens: Es gibt eine echte Transzendenz und der Weg zu ihr lautet – Unterwerfung unter ihre unverständliche Macht und die Hoffnung auf ihre Gnade.

Und schließlich: es gibt eine Transzendenz und der Weg zu ihr heißt – sich ihr stellen in Offenheit, Reinheit und Vertrauen.

Die nihilistische Interpretation Kafkas ist heute die gebräuchlichste, er wird als Repräsentant einer entgotteten Welt angesehen. So etwa von Günther Anders, der Kafka als „verschämten Atheisten" hinstellt, der aus „dem Atheismus eine Theologie macht". Ja, Anders geht noch weiter und findet, daß in Kafka eine Marcionistische Idee lebe, er „schließt aus der Misere des menschlichen Lebens auf einen gleichfalls miserablen Gott" und „er erkennt den schlechten Gott als den rechtmäßigen an".[41]

Für Eric Heller[42] dagegen ist Kafka der Vertreter der Enterbten, dem vom Glauben nur die Überzeugung der Verdammnis geblieben ist. Darum ist das Schloß durchaus „kein Symbol des Himmels, sondern eine Garnison gnostischer Dämonen". Auch Heller scheinen in Kafka Gedanken der Gnostik und des Manichäismus lebendig geworden zu sein. Die nihilistische Auffassung Kafkas ist abzulehnen, wenn auch zugegeben werden muß, daß ein großer Teil seiner Popularität dieser Deutung zuzuschreiben ist. Dieser Auffassung ist vor allem entgegenzuhalten, daß unter der Voraussetzung des Nihilismus der ganze Schloß-Roman unmöglich ist; er hätte unter dieser Voraussetzung überhaupt nicht geschrieben werden können. K. findet wohl nicht den Weg zur Transzendenz; aber nicht einen Augenblick zweifelt er an ihr, nicht einen Augenblick glaubt er, daß es keinen Sinn habe, zu ihr zu streben, sich ihr zu stellen. Nicht einen Schritt könnte er ohne diesen Glauben machen. Die unermüdliche sprungbereite Energie, mit der K. immer neue Wege ins Schloß sucht, kann er nur unter der Voraussetzung entfalten, daß es für ihn kein anderes Ziel geben kann, als sich dem Schloß zu stellen und vom Schloß anerkannt zu werden. Gewiß, was ihm seitens der Schloßbehörde entgegentritt, erscheint ihm unbegreiflich und lächerlich, aber es ist keine Frage, daß er dies als eine Zone empfindet, die er durchdringen muß, um wirklich ins Schloß zu gelangen. Nie hält er die Umgebung, an die er gelangt, für das eigentliche Schloß, und nie zweifelt er daran, daß es das Schloß wirklich gibt.

Nun könnte man vielleicht behaupten, daß Kafka, der Dichter, durch seine Zeichnung der Schloßbehörde nicht nur den Weg des K., sondern sein ganzes Streben als irrig, falsch und sinnlos hinstellen wollte. Daß die Möglichkeit einer solchen Auffassung besteht, ist nicht zu leugnen; aber nichts, nicht das geringste spricht dafür, daß dies die Entscheidung Kafkas in der religiösen Frage war, der er durch diesen Roman Ausdruck geben wollte und daß er verkünden wollte, daß die Transzendenz eine Täuschung sei. Die Beziehung zur Transzendenz, die in den Dorfbewohnern lebt, kann man als den Weg der Gnade bezeichnen: vollkommene Unterwerfung unter die unverständliche Macht, bewußter und unbewußter Verzicht auf den Gebrauch der Vernunft dem mächtigen Geheimnisvollen gegenüber; Angst gemischt mit Vertrauen, demütige verehrende Hingabe. Eine nähere Mitteilung über diese Beziehung erfolgt jeweils fast nur durch die Frauen des Dorfes, nur sie sprechen von der Liebe, während die Männer sich in Schweigen hüllen und sich beziehungslos unterwerfen. Es ist charakteristisch, daß es einerseits die Frauen sind, die zu den höchsten Vertretern der Transzendenz Zutritt haben oder sich dessen rühmen, andererseits aber auch K. auf erotischem Wege, über die Frau also, seine verhältnismäßig größte Annäherung an das Unbegreifliche findet. Der direkte Weg aus der Vitalsphäre zur religiösen Sphäre ist einfacher und verlockender als der über den Geist.

K. geht nicht den Weg der Gnade. Er sucht den Weg des offenen Gegenüberstehens. Er sagt es ausdrücklich: „Ich will keine Gnadengeschenke vom Schloß, sondern mein Recht." Und auf die Frage, was er denn eigentlich von Klamm wolle, antwortet er: „Das wichtigste ist doch für mich, daß ich ihm gegenüberstehe." Er will diesen Weg gehen, wachsam und überlegt, seiner Urteilskraft vertrauend, frei von Illusionen, zu jeder Tat und zu jedem Seitenweg entschlossen, wenn er aussichtsreich erscheint, mutig, zu jedem Opfer bereit, im Vertrauen auf sein Recht und im Vertrauen auf den Sinn seines Handelns, und das bedeutet wohl im wesentlichen: im Vertrauen auf eine vollkommene Einheit, innerhalb welcher das Höchste, was ein Mensch mit seinen Kräften jeweils leisten kann, seine Stelle und seinen Wert hat. Das ist der Weg der freien Vertrauensentscheidung ohne Verzicht auf die Vernunft gegenüber dem der Gnade. Beide Wege werden hier geschildert, aber nicht so sehr in direkter Darstellung als durch das verzerrte Spiegelbild, in welchem sich diese Wege jeweils den Vertretern des anderen Weges bieten. Die Schloßbeziehung der Dorfbewohner erscheint K. dumm und unvernünftig; die Herrschaft der Sekretäre, der sich die Dörfler unterworfen haben, erscheint ihm tyrannisch, ungerecht, unrein. Für ihn ist der Sekretär, der für das Dorfvolk Gottes Stelle vertritt, und zu dem auch er mit allen Kräften strebt, durchaus nicht das Höchste, und er will nur an ihn herankommen, „nicht um bei ihm zu ruhen, sondern um an ihm vorbeizukommen, weiter, ins Schloß“. Diese Versuche erscheinen den Dorfbewohnern wieder als die leichtsinnigen Gedanken eines Ortsfremden, eines Wirklichkeitsfremden, der nicht nur kein Recht, sondern auch nicht den geringsten Anspruch auf die Gnade besitzt. Er ist ein „eigensinniger“ Mensch, der „Unwissendste“, der immer nur „Nein-Nein sagt und nach seinem Kopf gehen will“. Er kann nie zu Klamm kommen und müßte nur glücklich sein, wenn Klamm von ihm keine Notiz nimmt.

Wo steht nun Kafka? Ist es der Weg der Dorfbewohner oder der Weg K.s, den er weisen will? Es gibt sehr beachtenswerte und gewissenhafte Kafka-Interpreten, deren Stellung der Gnadenlösung sehr nahe kommt. Etwa Herbert Tauber[43] oder H. S. Reiß[44] und mit Übersetzung in jüdisch-theologische Begriffe wohl auch Hans Joachim Schoeps. Dennoch spricht nichts dafür, daß Kafka dem Standpunkt der Dorfbewohner recht geben will, daß etwa in den Reden der Wirtin Kafka selber spricht. Im Grunde steht Kafka auf Seiten K.s, der er ja selber ist, nicht fotografisch, sondern in dichterischer Weiterentwicklung und kritisch betrachtet, so kritisch, wie er sich selber gegenüberstand, doch nie karikiert, wie die Amtsgebarung und der behördliche Betrieb des Schlosses. Die Argumente K.s gegenüber denen des Gnadenglaubens sind weit eher Argumente Kafkas als die des Gemeindevorstehers. Und er stellt die existentielle Lage der Dörfler durchaus nicht in einem hellen Lichte dar, sondern dunkel und trübe; sie fühlen sich wohl zu Hause, aber es ist ein luft- und lichtloses Heim, in dem sie leben. Zweifellos besitzen sie, was K. vergebens erstrebt. Und K. ist auch ein Ausgeschlossener, der vorerst nur zu Hause sein will, als Vorbedingung alles weiteren, und der auch das nicht erreichen kann.

So steht Kafka also wohl auf Seiten des K., gleichzeitig aber zeigt er die Erfolglosigkeit seines Weges. Möglich, daß die besondere Route, die K. wählt, falsch ist – der Weg der Einwurzelung als erste Etappe –, und möglich auch, daß seine Methoden, mit Hilfe von Frauen und Boten vorwärts zu kommen – also etwa „Einwurzelung auf Grund von Interventionen" –, nicht zum Ziele führen konnten, möglich mithin, daß nur diese besondere Art falsch ist und es andere Wege der „Gegenüberstellung" und der freien Vertrauensentscheidung gibt. Kafka zeigt sie nicht, deutet sie nicht einmal an. Immer wieder stehen wir nur vor den beiden Möglichkeiten, dem Weg der Dorfbewohner und dem Wege K.s.

Diese in ihrer ganzen gegenseitigen Spannung einander gegenüberzustellen – das ist sein Ziel. Dadurch, daß er jeden der beiden Wege immer wieder in der grellen Spiegelung durch den anderen sichtbar werden läßt, schärft er den Gegensatz und er steigert ihn durch Übertreibungen bis an die Grenzen des Horizonts. Eine Entscheidung wird nicht gefällt. Das war nicht Kafkas Absicht. Seine Absicht war, die Frage zu stellen – in ihrer ganzen weltumspannenden Weite und ihrem ganzen Ernst. Klar ist, daß, um die Frage in ihrer ganzen Fülle zu stellen, auch alle Antwortmöglichkeiten in ihr enthalten sein mußten. Diese geben die Anregung zu den verschiedensten Interpretationen; in Wirklichkeit sind es jedoch immer nur Möglichkeiten einer Antwort und nie eine wirklich gegebene Antwort. Die meisten Interpreten haben das schließlich auch gefühlt. „Es ist das Schicksal und vielleicht auch die Größe dieses Werkes, daß es alle Möglichkeiten offen läßt und keine bestätigt", sagt Albert Camus. Und bei Reiss lesen wir: „Das Gesamtwerk vermittelt weder eine religiöse Botschaft, noch verneint es die ewigen Werte. Es ist etwas anderes als eine dogmatische Botschaft. Der Dichter predigt nicht. Er erzielt seine Wirkung als Künstler.“ Und selbst Günther Anders schließt seinen Prozeß mit Kafka, indem er ihm – vom Glanz seiner eigenen Einfälle verführt – manches Unrecht tut, mit den Worten: „Vielleicht dürfen wir hoffen, daß er als Warner das wird leisten können, was er als Ratgeber für sich oder andere nicht hat leisten können, zu helfen.“

Die Aphorismen

Die Aphorismen Franz Kafkas, die von Max Brod im 6. Band der ersten Ausgabe der Schriften Kafkas unter dem Titel: Betrachtungen über Sünde, Leid, Hoffnung und den Weg veröffentlicht wurden, sind seinerzeit von Kafka selber aus seinen übrigen Tagebuchaufzeichnungen herausgenommen und in Reinschrift auf einzelne Blätter geschrieben worden. Dies deutet darauf hin, daß er mindestens an die Möglichkeit einer gesammelten Ausgabe gedacht hat; das geht auch aus der Tatsache hervor, daß er einige dieser Blätter wieder mit Bleistift durchgestrichen hat. Dasselbe gilt von einer zweiten Aphorismen-Sammlung, welche Brod unter dem Titel Meditationen seiner Ausgabe anfügte. Die darin zusammengefaßten Aphorismen sind nach Brods Meinung in den Jahren 1917 bis 1919 aufgezeichnet worden, ihre besondere Zusammenfassung erfolgte zweifellos etwas später; sie fallen also in die Zeit von Kafkas Erkrankung, seiner zweiten Verlobung und deren Auflösung, in die Zeit nach dem Prozeß und vor dem Schloß, in der Kafka sich mit Kierkegaard beschäftigte, was in den Meditationen deutlich zu spüren ist.

Aphorismen sind Dichtungen, geformte Ausbrüche eines expressiven Temperaments, gestaltete Reaktionen auf bestimmte Situationen und Erlebnisse; ihre Form ist der gedrängte, auf die Spitze getriebene Ausdruck, ihre Mittel sind das Paradox, die Antithese, die Steigerung und die Übertreibung. Darum ist es auch ein künstlicher Eingriff, sie in ein begriffliches System einordnen zu wollen; nicht nur ein Eingriff, sondern geradezu eine Schädigung, eine Subtraktion, bei der der Subtrahend das wesentliche Element ist. Es ist etwa so, als wollte man das Licht, das einzelne Blitze ausstrahlen, sammelnd zusammenfassen, um es für eine dauernde Lichtanlage zu verwenden; vielleicht ließe sich das durch gewisse technische Kunststücke ermöglichen – Technik und Systematik wagen sich ja an alles –, vielleicht ließe sich eine solche längere Zeit funktionierende Lichtanlage tatsächlich schaffen, gewiß würde sie aber nicht in jene dunklen Tiefen hinabreichen, in die der Blitz einzudringen vermag. Aphorismen sind solche in die Tiefe dringenden ungebändigten Erleuchtungen; will man sie in die Beleuchtungsanlage eines gedanklichen Zusammenhangs zwingen, geht eben das verloren, was das Wunder des Blitzes vermag. Diese Verwahrung mußte hier zum Ausdruck gebracht werden. Aber eine Lichtanlage hat gewiß auch ihren Wert: sie ist allgemein und dauernd.

Es steht außer Zweifel, daß das Hauptthema der Aphorismen der religiösen Problematik angehört. Der Mensch lebt in einer Welt der Vergänglichkeit, der Sinnlichkeit, des Leidens und der Sünde. Gibt es demgegenüber eine andere Welt des reinen Seins, in der die Leiden der Endlichkeit ihren Sinn finden? Und wie ist die Beziehung des Menschen zu dieser Welt des reinen Seins? Gibt es einen Weg und wie ist er zu finden?

Es ist klar: dies sind die Fragen der Romane. Was sagen die Aphorismen zu diesen Fragen?

Die Grundfrage der Transzendenz wird bejaht. Ja, es gibt ein ewiges reines Sein, und wir können gar nicht nicht daran glauben. Diese Überzeugung herrscht durchweg in den Aphorismen. Die Namen, die für die Transzendenz in ihnen verwendet werden, sind: das „Sein“, das „geistige Sein“, das

„Unzerstörbare“ und das „Paradies“. So heißt es in den Meditationen:

„Glauben heißt, das Unzerstörbare in sich befreien, oder richtiger: unzerstörbar sein, oder richtiger: sein.“ [45]

Und in den Betrachtungen über Sünde und Leid:

„Es gibt kein Haben, nur ein Sein, nur ein nach letztem Atem, nach Ersticken verlangendes Sein.“ [46]

Es ist interessant, daß der Gegensatz zu „Sein“ nicht, wie sonst üblich, das „Werden“, sondern sehr oft das „Haben“ ist, das sich manchmal sogar bis zum „Besitzen“ vereinfacht:

„Seine Antwort auf die Behauptung, er besitze vielleicht, sei aber nicht, war nur Zittern und Herzklopfen.“ [47]

Mit der Sprache könne man das Göttliche gar nicht ausdrücken, heißt es an anderer Stelle, „da sie entsprechend der sinnlichen Welt nur vom Besitz und seinen Beziehungen handelt“. [48]

Dieser sinnlichen Welt des Habens und des Bösen steht die andere Welt gegenüber, das „geistige Sein“ und sie allein „ist“ :

„Es gibt nichts anderes als eine geistige Welt; was wir sinnliche Welt nennen, ist das Böse in der geistigen, und was wir böse nennen, ist nur eine Notwendigkeit eines Augenblicks unserer ewigen Entwicklung.“ [49]

und: „Die Tatsache, daß es nichts anderes gibt als eine geistige Welt, nimmt uns die Hoffnung und gibt uns die Gewißheit.“ [50]

In dieser „anderen Welt“ gibt es kein Leiden mehr, sondern nur Seligkeit:

„Nur hier ist Leiden Leiden. Nicht so, als ob die, die hier leiden, anderswo wegen dieses Leidens erhöht werden sollen, sondern so, daß das, was in dieser Welt Leiden heißt, in einer anderen Welt unverändert und nur befreit von seinem Gegensatz, Seligkeit ist.“ [51]

In dieser anderen Welt soll unsere Zeitlichkeit gerechtfertigt werden. Diese Überzeugung ist für Kafka „bedrückend“:

„Wieviel bedrückender als die unerbittlichste Überzeugung von unserem gegenwärtigen sündhaften Stand ist selbst die schwächste Überzeugung von der einstigen ewigen Rechtfertigung unserer Zeitlichkeit. Nur die Kraft im Ertragen dieser zweiten Überzeugung, welche in ihrer Reinheit die erste voll umfaßt, ist das Maß des Glaubens.“[52]

Glauben aber müssen wir an diese Welt des „Seins“:

„‚Daß es uns an Glauben fehle, kann man nicht sagen. Allein die einfachste Tatsache unseres Lebens ist in ihrem Glaubenswert gar nicht auszuschöpfen.‘ ‚Hier wäre ein Glaubenswert? Man kann doch nicht – nicht leben?‘ ‚Eben in diesem kann doch nicht steckt die wahnsinnige Kraft des Glaubens; in dieser Verneinung bekommt sie Gestalt.‘“ [53]

Das Wesentliche dieses Glaubens ist der Glaube an das „Unzerstörbare im Menschen“ und an das unzerstörte Paradies: „Wenn das, was im Paradies zerstört worden sein soll, zerstörbar war, dann war es nicht entscheidend; war es aber unzerstörbar, dann leben wir in einem falschen Glauben.“ [54]

Das Paradies ist aber eben nicht zerstört worden, nur wir sind verjagt worden:

„Wir wurden geschaffen, um im Paradies zu leben, das Paradies war bestimmt, uns zu dienen. Unsere Bestimmung ist geändert worden; daß dies auch mit der Bestimmung des Paradieses geschehen wäre, wird nicht gesagt.“ [55]

Ganz ähnlich und deutlicher noch in den Meditationen:

„Wir wurden aus dem Paradiese vertrieben, aber zerstört wurde es nicht. Die Vertreibung aus dem Paradiese war in einem Sinne ein Glück, denn wären wir nicht vertrieben worden, hätte das Paradies zerstört werden müssen.“ [56]

Über allem Zweifel steht also der Glaube Kafkas an ein unzerstörbares geistiges Sein, zu dem freilich unsere Welt in einem niederdrückenden

Gegensatz bleibt. Sie ist die Welt des „Habens“, des Leidens und der Sünde; als solche entlarvt sie sich uns stündlich, auch wenn wir gar nicht darauf aus sind. Das spricht der letzte Aphorismus der Betrachtungen in einer Melodie aus, die ganz und gar „kafkaisch“ ist:

„Es ist nicht notwendig, daß du aus dem Hause gehst. Bleibe bei deinem Tisch und horche. Horche nicht einmal, warte nur. Warte nicht einmal, sei völlig still und allein. Anbieten wird sich dir die Welt zur Entlarvung, sie kann nicht anders, verzückt wird sie sich vor dir winden.“[57]

Führt ein Weg aus dieser Welt zum unzerstörbaren Sein? Und welcher Weg ist dies? Das ist die Frage, zu der man bei der Interpretation Kafkas immer wieder zurückkehren muß. Was ist die Meinung Kafkas? Grob systematisiert, ergeben sich drei Möglichkeiten: es gibt überhaupt keinen Weg; oder: nur Hilfe von drüben kann den Menschen führen; oder: trotz der unendlichen Entfernung und trotz aller Hindernisse hat der Mensch den Weg in Freiheit zu versuchen· Es muß festgestellt werden, daß alle diese Möglichkeiten in den Aphorismen vertreten sind.

Es gibt überhaupt keinen Weg:

„Es gibt ein Ziel, aber keinen Weg; was wir Weg nennen, ist Zögern.“ [58]

Wenn es aber einen solchen Weg geben sollte, ist er unzugänglich und ungangbar. Der erste Aphorismus lautet:

„Der wahre Weg geht über ein Seil, das nicht in der Höhe gespannt ist, sondern knapp über dem Boden. Es scheint mehr bestimmt, stolpern zu machen als begangen zu werden.“ [59]

Und wenn einer schon glaubt, ihn gefunden zu haben, sieht es so aus:

„Einer staunte darüber, wie leicht er den Weg der Ewigkeit ging; er raste ihn nämlich abwärts.“ [60]

Oft werden wir auch direkt hingewiesen auf den Unterschied zwischen dem Himmel, der unbezweifelbar ist, und dem Weg, der hingegen voller Zweifel ist:

„Wenn es möglich gewesen wäre, den Turm von Babel zu erbauen, ohne ihn zu erklettern, er wäre erlaubt worden.“ [61]

Oder:

„Theoretisch gibt es eine vollkommene Glücksmöglichkeit: An das Unzerstörbare glauben und nicht zu ihm streben.“ [62]

Daß auch der Gedanke der gnadenhaften Hilfe von oben in den Aphorismen seinen Platz gefunden hat, wird oft hervorgehoben und als Beweis für Kafkas positiven Erlösungsglauben angesehen. Die oft zitierten Aphorismen lauten:

„Ein erstes Zeichen beginnender Erkenntnis ist der Wunsch zu sterben. Dieses Leben erscheint unerträglich, ein anderes unerreichbar. Man schämt sich nicht mehr, sterben zu wollen; man bittet, aus der alten Zelle, die man haßt, in eine neue gebracht zu werden, die man erst hassen lernen wird. Ein Rest von Glauben wirkt dabei mit, während des Transportes werde zufällig der Herr durch den Gang kommen, den Gefangenen ansehen und sagen: ‚Diesen sollt ihr nicht wieder einsperren, er kommt zu mir.'" [63]

Und der von Max Brod an den Schluß der Meditationen gestellte Aphorismus:

„Läufst du immerfort vorwärts, plätscherst weiter in der lauen Luft, die Hände seitwärts wie Flossen, siehst flüchtig im Halbschlaf der Eile alles an, woran du vorüberkommst, wirst du einmal auch den Wagen an dir vorüberrollen lassen. Bleibst du aber fest, läßt mit der Kraft des Blicks die Wurzeln wachsen tief und breit – nichts kann dich beseitigen und es sind doch keine Wurzeln, sondern nur die Kraft deines zielenden Blicks –, dann wirst du auch die unveränderliche dunkle Ferne sehen, aus der nichts kommen kann, als eben nur einmal der Wagen, er rollt heran, wird immer größer, wird in dem Augenblick, in dem er bei dir eintrifft, welterfüllend, und du versinkst in ihm wie ein Kind in den Polstern eines Reisewagens, der durch Sturm und Nacht fährt."

Hier aber erscheint nun die dritte Möglichkeit, hier gibt es doch einen Weg, er wird sogar unerhört kraftvoll beschrieben: „bleibst du aber fest". Im Grunde hatte ja auch der Mann in der Legende Vor dem Gesetz einen Weg ins Gesetz, der sogar nur für ihn bestimmt war, er hat ihn nur nicht erkannt. In den Aphorismen finden sich manche Variationen dieses Gedankens:

„Manchmal scheint es so: du hast diese Aufgabe, hast zu ihrer Ausführung soviel Kräfte als nötig sind ... Wo ist das Hindernis für das Gelingen der ungeheuren Aufgabe? Verbringe nicht die Zeit mit dem Suchen des Hindernisses, vielleicht ist keines da."[64]

Doch auch der Weg des geduldigen Kampfes um die Verwirklichung des Besseren in dieser Welt der Widerstände und des Leidens wird angedeutet:

„Gingst du über eine Ebene, hättest den guten Willen zu gehen und machtest doch Rückschritte, dann wäre es eine verzweifelte Sache; da du aber einen steilen Abhang hinaufkletterst, so steil etwa, wie du selbst von unten gesehen bist, können die Rückschritte auch nur durch die Bodenbeschaffenheit verursacht sein und du mußt nicht verzweifeln."[65]

Unsere Taten in diesem Leben haben einen Wert:

„Der Tod ist vor uns, etwa wie im Schulzimmer an der Wand ein Bild der Alexanderschlacht. Es kommt darauf an, durch unsere Taten noch in diesem Leben das Bild zu verdunkeln oder gar auszulöschen.“ [66]

Und ganz deutlich:

„Der Weg ist unendlich, da ist nichts abzuziehen, nichts zuzugeben, und doch hält jeder noch seine eigene kindliche Elle daran. ‚Gewiß, auch diese Elle Wegs mußt du noch gehen, es wird dir nicht vergessen werden.‘“ [67]

Es ist nicht zu leugnen, daß sich bei solcher systematischen Registrierung der einzelnen Aphorismen Widersprüche ergeben. Können alle diese Wege samt der Ausweglosigkeit nebeneinander bestehen? Oder lassen sie sich so lange interpretieren, bis sie schließlich einen eindeutigen Erlösungsweg ergeben? Das wäre wohl nicht das Richtige. Richtig ist vielmehr, daß eben diese Unklarheiten zur religiösen Position Kafkas gehören. Nie wird die Transzendenz selber angezweifelt. Ihre Gewißheit beruht auf dem Glauben, „ohne den man nicht leben kann“. Die Zweifel und die Unsicherheit beginnen erst bei den Versuchen, das „Werden“ oder gar das „Haben“ in das ewige Sein einzufügen.

Diese Unsicherheit inmitten des Glaubens an das Unzerstörbare ist Kafkas existenzielles Reich. Er hat diese Unsicherheit inmitten des Glaubens mit einer ungeheuren Intensität erlebt, der er nur im „Schreiben“ – seiner „Form des Gebetes“ – Herr werden konnte.

Kafkas religiöse Stellung

Kafka hegte den Wunsch, die Fülle seines Erlebens – wie er es einmal ausdrückte – in einer „gesunden und wohlgeordneten Geschichte“ als neues vollkommenes Wesen vor die Menschen hinzustellen. Gewiß, in diesem seinen persönlichen Erleben waren alle jene Fragen, Unsicherheiten und Qualen enthalten, in die uns zum Bewußtsein unser selbst gekommene Menschen die große unbekannte Welt stürzt, wenn wir ihr – ungeschützt durch den Alltag und die Gewöhnung – mit offenen Augen gegenüber stehen. Lösen konnte Kafka diese Frage nicht, er konnte sie lediglich darstellen. Das ist jene „höhere Beobachtung“, zu der der Dichter führt, der „mit anderen Augen sehen lehrt“, der „erweckt“, der „die Dinge in den Bereich der Wahrheit, Reinheit und Dauer emporhebt“ (aus den Gesprächen mit Janouch). Das ist aber nur in „wohlgeordneten Sätzen“ möglich, das heißt, durch die Einheit der

„Gestalt“. Die Kunst vermag durch das Wunder der Form die Fülle zu bändigen und das Unendliche zu fassen. In seinen Gesprächen mit Janouch berührt Kafka dem jungen Dichter gegenüber oft dieses Geheimnis der Form: Die Form ist nicht der Ausdruck des Inhalts, sondern nur sein Anreiz, das Tor und der Weg zum Inhalt. Wirkt er, dann öffnet sich auch der verborgene Hintergrund. Und in seinem Tagebuch staunt er einmal selber über dieses Mysterium:

„Mir immer unbegreiflich, daß es jedem fast, der schreiben kann, möglich ist, im Schmerz den Schmerz zu objektivieren, so daß ich zum Beispiel im Unglück vielleicht noch mit dem brennenden Unglückskopf mich setzen und jemandem schriftlich mitteilen kann: ich bin unglücklich. Ja, ich kann noch darüber hinausgehen und in verschiedenen Schnörkeln, je nach Begabung, die mit dem Unglück nichts zu tun haben scheint, darüber einfach oder antithetisch oder mit ganzen Orchestern von Assoziationen phantasieren. Und es ist gar nicht Lüge, und stillt den Schmerz nicht, ist einfach gnadenweiser Überschuß der Kräfte, in einem Augenblick, in dem der Schmerz doch sichtbar alle meine Kräfte bis zum Boden meines Wesens, den er aufkratzt, verbraucht hat. Was für ein Überschuß ist es also?“ [68]

Das also war der Sinn seines „Schreibens“: Selbstbefreiung und gleichzeitig Darstellung seines Welterlebnisses, mitteilbar und ergreifend durch die Zaubermacht der Form.

Kafka war es um die Gestaltung der Situation zu tun, nicht um einen Ausweg aus der Situation; wenigstens in seinen Romanen. Nicht eine Lösung will der Dichter, sondern eine Verdichtung. Bei Günther Anders heißt es von Kafka: „Hätte er eindeutig gewußt, in welcher Richtung sein Ausweg lag, so hätte er ‚nur‘ als Gläubiger, oder ‚nur‘ als Weiser, oder ‚nur‘ als Tendenzdichter gegolten. Da er aber verzweifelt zweifelt, bleibt er noch immer in jener Dimension der Neutralität, die wir als die Dimension der Künstleraussage anzusehen gewohnt sind.“

Das ist nun tatsächlich richtig, aber ganz falsch wäre es, von einer „Flucht in die Ästhetik“ zu reden, als ob Kafka dem Problem in seiner ganzen Schwere ausgewichen wäre und es „auf das ästhetische Geleise abgeschoben hätte“. Ganz das Gegenteil ist der Fall. Dieser Weg in die Ästhetik – wenn man es schon so nennen will –, war ein ethischer Weg. Und hier mündet das Problem in ein Allgemeines und Höheres. Man kann nicht sagen, er war kein Philosoph und kein Heiliger, sondern ‚nur‘ ein Dichter. Das ist ein falscher Gegensatz. Denn er hat – als Dichter eine religiöse Aufgabe erfüllt. Er hat ein neues Sein in unser Bewußtsein gehoben, er hat eine ganz neue Wirklichkeit ans Licht gebracht, ebenso folgenschwer für die Erkenntnis des Philosophen wie für die Glaubenstat des Heiligen.

Man kann die Situation – um in der Kafka so naheliegenden „amtlichen" Symbolik zu bleiben – in einfache juristische Begriffe übersetzen: einer jeden richterlichen Entscheidung hat die „Tatbestandsaufnahme" voranzugehen. Zuerst muß man wissen, was ist, dann kann man entscheiden, was rechtens ist. Je genauer und gewissenhafter diese Tatbestandsaufnahme erfolgt, desto mehr Chancen hat der Richter, ein richtiges Urteil zu sprechen. Gewiß ist die Tatbestandsaufnahme selber noch keine Entscheidung; aber sie ist ein wichtiger richterlicher Akt. Und darum ist die Erweiterung, Klärung und Gestaltung unserer existentiellen Problematik ein religiöser Akt.

Er ist ein religiöser Akt, weil er um die Reinheit und Unverfälschtheit der Konfrontation kämpft, von der die religiöse und sittliche Grundentscheidung des Menschen abhängt. Denn wie immer der Mensch schließlich aus dieser Grundposition Gott und Welt gegenüber entscheidet – ob er den Sprung in den Glauben macht oder ins Nichts –, seine Entscheidung wird nur echt sein und nur religiösen Wert haben, wenn die Grundposition echt ist, wenn sie nicht verdeckt ist durch den Alltag und den Beruf, die Wirtschaft und die kleinen schützenden Beziehungen zur gewohnten Umgebung; wenn sie nicht überschwemmt wird durch die Naturtriebe; wenn sie aus der Tiefe kommt und soweit reicht, als es im aktuellen Moment überhaupt möglich ist.

Die Helden Kafkas gehen den Weg der Routine, des „Dahinplätscherns“ in Beruf und Gewohnheit, und sie werden zurückgerufen. Ganz deutlich drückt Kafka das Janouch gegenüber aus, als dieser ihn fragt: Was ist Sünde? – „Sünde ist das Zurückweichen vor der eigenen Sendung. Mißverstehen, Ungeduld und Lässigkeit – das ist Sünde. Der Dichter hat die Aufgabe, das isolierte Sterbliche in das unendliche Leben, das Zufällige in das Gesetzmäßige hinüberzuführen.“ [69]

Das ist in Wahrheit Kafkas „Lehre“. Er kämpft gegen die kleinen Erleichterungen, gegen die Kurzschlüsse, gegen die Ungeduld. So, wie der Mensch in seinem Routine-Leben es sich vorstellt, geht es nicht. Darüber werden die Helden Kafkas dauernd belehrt. Man sagt im Schloß zu K.:

„Du hast bestimmte Vorstellungen mitgebracht ... aber im Schloß hat man ganz andere Vorstellungen. Sie lassen sich mit deinen nicht vereinen.“

Die Menschen wollen gleich oder rasch am Ziele sein. Sie „bedrängen das Ende“, wie ein jüdisches Wort sagt. Sie suchen den Weg mit trügerischen Mitteln, durch Protektionen, Frauen und Mittelspersonen, und kommen immer zu neuen Niederlagen, die ihnen zeigen, das es immer nur Kurzschlüsse waren. Und so scheint einer der aufschlußreichsten Aphorismen Kafkas dieser zu sein:

„Alle menschlichen Fehler sind Ungeduld, ein vorzeitiges Abbrechen des Methodischen, ein scheinbares Einpfählen einer scheinbaren Sache.“ [70]

Und noch eindringlicher:

„Es gibt zwei menschliche Hauptsünden, aus welchen sich alle anderen ableiten. Ungeduld und Lässigkeit. Wegen der Ungeduld sind sie aus dem Paradiese vertrieben worden, wegen der Lässigkeit kehren sie nicht zurück. Vielleicht gibt es aber nur eine Hauptsünde: Die Ungeduld. Wegen der Ungeduld sind sie vertrieben worden, wegen der Ungeduld kehren sie nicht zurück.“ [71]

Man sollte sich bei jeder Interpretation Kafkas überhaupt an die Worte halten, die er im „Prozeß“ sagen läßt:

„Ich zeige dir nur die Meinungen, die darüber bestehen. Du mußt nicht zuviel auf Meinungen achten. Die Schrift ist unveränderlich und die Meinungen sind oft nur ein Ausdruck der Verzweiflung darüber.“

Und: „Sei nicht übereilt, übernimm nicht die fremde Meinung ungeprüft. Ich habe dir die Geschichte im Wortlaut der Schrift erzählt. Von Täuschung steht darin nichts."

Das Ergebnis: Die Konfrontation steht im Mittelpunkt, nicht die Richtung des Weges. Es wäre aber ein arges Mißverständnis zu glauben, daß Kafkas Lehre Entscheidungslosigkeit, eine Art Neutralismus sei. Das Gegenteil ist der Fall. Alles kommt auf die Entscheidung an; aber diese ist nur dann eine echte Entscheidung, wenn sie aus der Spannung einer echten Konfrontation, eines aufrechten „Gegenüberstehens" kommt. So wie es bei Kafka heißt:

„Starker Regenguß. Stelle dich dem Regen entgegen, laß die eisernen Strahlen dich durchdringen, gleite in dem Wasser, das dich fortschwemmen will, aber bleibe doch, erwarte so, aufrecht, die plötzlich und endlos einströmende Sonne!" [72]

Der Humor

Aus Briefen

Es scheint dem Thema, das uns bisher im Zusammenhang mit der Person Kafkas beschäftigte und das um die ernsten Gegenstände „Transzendenz" und „Weg zu Gott" kreiste, zu widersprechen, wenn nun andererseits – und auch wieder in bezug auf die Person und das Schaffen Franz Kafkas – vom Humor gesprochen werden soll. Und dennoch, trotz dieses scheinbaren Widerspruchs, ist der Humor für Kafka kaum weniger charakteristisch als die religiöse Problemstellung. Max Brod hat in seinen Schriften über Kafka mit starkem Nachdruck auf Kafkas Humor hingewiesen. Es ist tatsächlich auch für alle, die Kafka persönlich gekannt haben, ganz unmöglich, diese Seite seines Wesens zu übersehen, ja mehr noch, in ihr nicht eine wesentliche Seite seines Wesens zu erblicken. Wie sein Blick ein Lächeln war, war seine

Rede Humor. Er sprach aus allen Bemerkungen, aus allen Urteilen, vor allem aber seine Briefe sind erfüllt von Humor, und fast jedes Zitat aus seinen Briefen – auch solchen, die zu Beginn dieses Buches mitgeteilt wurden – beweist es. Selbst in den so ernsten und leidenschaftlichen Briefen an Milena lebt dieser Humor, mag es auch häufig ein bitterer Humor sein, der sehr oft an Selbstironie grenzt.

Trotz aller in diesen Briefen enthaltenen Selbstanklagen und Selbstbeschuldigungen ist der Grundton, der alles durchzieht und sich immer wieder schützend zwischen Selbstquälerei und wirkliche Verzweiflung schiebt, der Humor. Er kommt in all jenen Berichten über kleinere Begebenheiten zum Ausdruck, die er so gerne einflicht, in der Erzählung über seine Jugendzeit, über den Schulweg usw. So spricht er auch über sich selbst – traurig, aber doch humorvoll über der Situation schwebend –, wenn er sich seine nahe bevorstehende Ankunft bei Milena so ausmalt:

„Fahre ich wirklich nach Wien? Milena denkt nur an das Sichöffnen der Tür. Die wird sich allerdings öffnen, aber dann? Dann wird dort ein langer, magerer Mensch stehen, freundlich lächeln (das wird er immerfort tun, er hat das von einer alten Tante, die auch immerfort gelächelt hat, beide machen es aber nicht aus Absicht, sondern aus Verlegenheit), und er wird sich dann setzen, wohin man zeigen wird. Damit wird eigentlich die Feierlichkeit zu Ende sein, denn reden wird er kaum, dazu fehlt es ihm an Lebenskraft – (mein neuer Tischgenosse hier sagte gestern, mit Bezug auf die vegetarische Kost des stummen Mannes: ‚Ich glaube für geistige Arbeit ist Fleischkost unbedingt erforderlich') – er wird nicht einmal glücklich sein, auch dazu fehlt es ihm an Lebenskraft." [73]

Dieses humorvolle, lächelnde Darüberstehen, von dessen erhöhter Position aus er all sein Leiden betrachtet, hebt ihn aus den Wellen des Unglücks, in denen er sonst hätte versinken müssen. Bei allem Unglück hat er doch immer Distanz zu sich selber. Und so kommt es, daß er das traurigste sagen kann, und es klingt fast wie ein Witz:

„Manchmal verstehe ich nicht, wie die Menschen den Begriff Lustigkeit gefunden haben, wahrscheinlich hat man ihn als Gegensatz zur Traurigkeit nur errechnet." [74] Gewiß, das ist nicht Humor im Sinne von witziger Lustigkeit und leichter Unterhaltung, es ist ein ernster Humor und deshalb gerade kann er in Kafkas Schaffen mit Religion verknüpft werden. Daß dies keine disparaten Begriffe sind, erfahren wir fast in allen seinen Dichtungen. Es kommt nur darauf an, das Wesen des Humors richtig zu verstehen. Vielleicht gelingt es dann nicht nur, durch diese Betrachtung über den Humor Kafka dem Verständnis näher zu bringen, sondern auch durch die Rolle, die er bei Kafka spielt, einiges zur Erkenntnis des Wesens des Humors beizutragen.

Der Hungerkünstler

Als Einführung und Exemplifizierung diene eine nähere Betrachtung der kleinen Geschichte Der Hungerkünstler. Da wird von einem Mann erzählt, der durch seine Fähigkeit, ausgiebig hungern zu können, lange Jahre eine große Sensation gewesen ist. Er hungerte vor den Menschen, sie liefen in Massen zu seinen Vorstellungen, und sein Impresario verdiente viel Geld. Dennoch war dieser Mann immer unglücklich. Warum? Weil man ihn nie so lange hungern ließ, wie er es selber gern gewollt hätte. Aber sein Unglück wird bald noch größer. Das Hungern vor einem Publikum kommt allmählich aus der Mode. Man interessiert sich einfach nicht mehr für solche Schaustellungen. Er muß seinen Impresario entlassen und landet schließlich in einem Wanderzirkus. Auch hier wird er bald nicht beachtet; der Käfig, in dem er sein Hungern zeigen will, wird nur noch von Leuten besucht, die an ihm vorbei zur Fütterung der Raubtiere strömen, die in einem benachbarten Käfig stattfindet. Schließlich vergißt man ihn ganz. Zufällig findet einer der Aufseher ihn sterbend im verfaulten Stroh. Er hatte sich wirklich zu Tode gehungert. Niemand hat es bemerkt. Man begrub ihn mitsamt dem Stroh, in dem er gelegen hatte. In seinen Käfig aber steckte man einen jungen Panther, und es war selbst dem stumpfsten Sinn eine fühlbare Erholung, in dem so lange öden Käfig dieses wilde Tier sich herumwerfen zu sehen. Und die Zuschauer umdrängten den Käfig und wollten sich gar nicht fortrühren.

Es ist eine einfache Geschichte, aber sie ist voll von widerspruchgeladenen Situationen. Sie ist traurig, lähmend und doch von der ersten bis zur letzten Zeile erfüllt von geheimer Lustigkeit.

In dieser Geschichte ist die Struktur des kafkaschen Humors besonders deutlich zu erkennen. Im Grunde besteht diese Geschichte aus vier Geschichten, vier Entwicklungslinien mit verschiedenem Sinn, die ineinander verflochten sind; das äußere Geschehen ist ihnen natürlich gemeinsam, aber der Sinn dieses Geschehens ist vielfältig. Man braucht nur zu fragen: was ist der Sinn dieses Unternehmens, in Schaustellungen vor dem Publikum zu hungern?

Da ist erstens das Hungern als Sensation, Unterhaltung für jung und alt. Die Menschen sind neugierig zu sehen, wie der Hungerkünstler das Hungern aushält. Allmählich hört aber dieses Interesse auf; es wendet sich – so ist die Mode – mehr der Menagerie zu; tragisch für einen Hungerkünstler.

Zweitens läuft daneben die Sinnlinie: Hungern als Geschäft, als Möglichkeit Geld zu verdienen. Mit der Abnahme des Interesses hört das Geschäft auf. Auch traurig für den Hungerkünstler.

Drittens aber ist für diesen das Hungern vor allem eine Angelegenheit der Ehre; er will sich auszeichnen. Er will „nicht nur der größte Hungerkünstler aller Zeiten sein, der er ja wahrscheinlich schon war, er will sich selbst übertreffen bis ins Unbegreifliche." Als Gegenlinie läuft leise die Meinung verschiedener Menschen, sogar einiger Wächter, daß er eigentlich nur ein Schwindler sei.

Viertens schließlich die letzte Sinnlinie, überraschend und im Grunde die tiefste; sie wird erst am Schluß enthüllt, wenn sie auch immer wieder angedeutet wurde: er hungerte – sagt er sterbend dem Wächter ins Ohr – weil er nicht die Speise finden konnte, die ihm schmecken würde. Im tiefsten Grunde hungert er also aus Ekel vor dem Essen, vor diesem Essen, das den Menschen geboten wird, das die Natur des Menschen verlangt und deren gesunder Repräsentant der Panther ist, dem die Fleischfetzen, die ihm seine Wächter zuwerfen, so herrlich munden. Und man kann – und muß wohl – den Ekel des Hungerkünstlers vor dem Essen des Menschen weiter führen bis zum Ekel vor der ganzen sinnlichen Natur des Menschen, der zu widerstreben und gegen die zu kämpfen der Hungerkünstler in seinen Schaustellungen eine merkwürdige Methode gefunden hat – wie eben auch der Dichter ... Das also sind die vier Sinnlinien dieser Geschichte. Sie werden nur schrittweise enthüllt, und die Enthüllung vollzieht sich dort, wo diese Sinnlinien in einer widerspruchsvollen Situation wie in der Engführung eines Kontrapunktes zusammenstoßen: etwa im Verhältnis zu den Wächtern, die zumeist Fleischhauer sind und sich nach durchwachter Nacht mit gesundem Appetit vor dem Hungerkünstler auf ihr überreiches Frühstück stürzen. Im Grunde mißtrauen sie ihm; die einen, indem sie ihn dauernd aufs genaueste mit Taschenlaternen beleuchten, die anderen, indem sie absichtlich wegsehen, um ihm – wie sie glauben – die Möglichkeit zu geben, heimlich zu essen. Davon ist er natürlich weit entfernt, die „Ehre seiner Kunst verbietet das“; andererseits aber wiederum „wußte er allein, wie leicht das Hungern ist“.

Da sind nun fast alle Sinnlinien verwirrend ineinander verfilzt.

Ein Höhepunkt der Verwirrung ist die Schilderung des feierlichen Abschlusses des Hungerns mit der Militärkapelle, den ihn untersuchenden Ärzten und den jungen Damen, die den Erschöpften in ihre Mitte nehmen und sich vor ihm ekeln; und er – auf dem Höhepunkt seiner Leistungen und seines Ruhmes – ist unglücklich darüber, daß er nicht weiter hungern darf, um noch höheren Ruhm einzuheimsen durch das Hungern, das – noch ein Widerspruch – ihm doch so leicht fällt!

So lebte er, berühmt und unglücklich, dahin. Wenn aber jemand seinen Trübsinn etwa damit erklären wollte, daß er eben die Ursache des Hungerns sei, dann konnte es geschehen, daß er mit einem Wutausbruch antwortete und „zum Schrecken aller wie ein Tier an seinem Käfig zu rütteln begann“. Aber gerade das paßte wieder dem Impresario großartig, er erklärte, diesen Wutausbruch dem Publikum als Folge des übermenschlichen Hungerns. Und gerade das war dem Hungerkünstler zuviel. „Was die Folge des vorzeitigen Beendigens des Hungerns war, stellte man hier als Ursache dar!“ Welche Verwirrung!

Das Entscheidende ist nun, daß gerade aus diesen verwirrenden Situationen die Klärung kommt, die plötzliche oder allmähliche Einsicht in das Geflecht der Sinnlinien. Die charakteristische Technik der Erzählung liegt in der „Engführung“; der Dichter läßt es dauernd zu Situationen kommen, in denen die Sinnlinien auf das schärfste aufeinander stoßen. Er erhöht die Gegensätze durch Einbeziehung von Nebenpersonen, die gerade für diese Gegensätze charakteristisch sind (Fleischhauer, Tierfütterung usw.). Und er tut dies alles in einer gewissen überraschenden Weise, indem er uns mit den verwirrenden Situationen gleichsam überfällt, bis uns plötzlich ein Licht aufgeht, das Licht nämlich, das dadurch entsteht, daß wir gerade von diesen Situationen aus in die verschiedenen Sinnlinien hineinblicken können, die zu dieser Situation geführt haben. Dieses plötzliche Licht, diese von Lustsensationen begleitete Befreiung vom Chaos ist es gerade, die für den Humor so charakteristisch sind.

Was ist vorgegangen? Die rein äußerliche Einheit einer Situation wird so sehr mit Widerspruchs-Spannung geladen, daß sie auseinanderbirst, daß sie als ein kleines Chaos erscheint, bis sie schließlich durch den Einblick in die verschiedenen Situationen, die dazu geführt haben, wieder geordnet wird. Wie durch diese plötzliche Befreiung vom Chaos, durch dieses „Freiwerden seelischer Energien“ oder durch die „Ersparung seelischer Energie“ der Lusteffekt eintritt, ist in verschiedenen Theorien über den Humor oft genug dargelegt worden.

Josephine

Diese kafkasche Technik des Humors soll noch an einem anderen Werk Kafkas gezeigt werden, an seiner letzten Erzählung: Josephine, die Sängerin oder das Volk der Mäuse, eine der wunderbarsten Darstellungen des Themas „Volk und Kunst“, das die Weltliteratur kennt. Man könnte wohl ebenso sagen „Volk und Priester“ oder „Volk und Talmudgelehrter“, wie andere Interpreten meinen. Aber das ist nicht entscheidend; das Wesentliche, um das es in dieser Geschichte geht, ist allen Interpreten und Interpretationen gemeinsam.

Josephine ist eine Maus, eine Sängerin unter den Mäusen, die das Volk der Mäuse mit ihrem Gesang entzückt. Doch so einfach ist die Sache nicht. Gleich nach den ersten Worten der Erzählung beginnen bereits die Widersprüche. Josephine bezaubert das Volk mit ihrem Gesang. Es heißt:

„Wer sie nicht kennt, kennt nicht die Macht des Gesanges; es gibt niemand, den der Gesang nicht mit sich fortreißt.“

Gleich darauf aber:

„Es ist gar kein Gesang, es ist nichts Außerordentliches; es ist nur ein Pfeifen, wie eben alle Mäuse pfeifen, ja es ist viel schlechter als das Pfeifen der übrigen Mäuse."

Und trotzdem – dieser ungeheure Zulauf zu ihren Konzerten und ihre bezaubernde Wirkung. In Josephines Konzerten ist es „mäuschenstill", „als wäre das Volk des ersehnten Friedens teilhaftig geworden"; und wenn sie singt, „tauchen alle in das Gefühl der Menge, die warm, Leib an Leib, scheu atmend horcht". Und wie wohl es im Grunde nur ein schlechtes Pfeifen ist, lacht niemand: „Das Lachen vergeht uns, wenn wir Josephine sehen." Denn das Pfeifen Josephines kommt, „wie eine Botschaft des Volkes zu dem einzelnen". Hier „träumt das Volk, es ist, als lösten sich dem einzelnen die Glieder, als dürfte sich der Ruhelose einmal nach seiner Lust im großen, warmen Bett des Volkes dehnen und strecken … Etwas von der armen, kurzen Kindheit ist da, etwas vom verlorenen, nie wieder aufzufindenden Glück … Natürlich ist es ein Pfeifen. Wie denn nicht? Pfeifen ist die Sprache unseres Volkes, nur pfeift mancher sein Leben lang und weiß es nicht, hier aber ist das Pfeifen frei gemacht von den Fesseln des täglichen Lebens und befreit auch uns für eine kurze Weile.

Gewiß, diese Vorführungen wollen wir nicht missen.“

Dies alles hat seine besondere Bedeutung in Stunden der Gefahr. Dann strömt alles zum Konzert, erblickt darin eine Rettung, wiewohl – immer wieder dieses „wiewohl“ – wiewohl gerade diese großen Versammlungen in Zeiten der Not eine besondere Gefahr bedeuten. Und dieser innere Widerspruch führt weiter. In ihm liegt geradezu „ein Beweis gegen ihren Gesang“, denn „einen wirklichen Gesangskünstler würden wir in solcher Zeit gewiß nicht ertragen“.

So erscheint hier in übertreibender Vergrößerung und in wahrer humorvoller Erleuchtung die Dialektik von Kunst und Volk, der schöpferische Anteil des Volkes an der Kunst. Und in diese Dialektik verknüpft ist wieder die Dialektik zwischen Volk und Künstler. Das ist kein reines Liebesverhältnis. Josephine verachtet das Volk und glaubt, daß sie nicht verstanden wird. Dennoch will sie singen und immer wieder vor dem Volk singen. Sie will bewundert werden; sie ist eitel, und das Volk sieht ihre Eitelkeit. Sie zeigt dem Volk ein hochmütiges Lächeln, ja, sie wird zuzeiten „geradezu gemein“. Sie ist überzeugt, daß sie es ist, die in Zeiten der Not das Volk mit ihrem Gesang rettet; in Wahrheit aber sichert sie sich bei diesen Konzerten das am wenigsten gefährdete Plätzchen, und obwohl sie den Feind durch ihr Pfeifen geradezu angelockt hat, verschwindet sie unter dem Schutz ihrer Anhänger sehr still und eilig als erste. Dennoch liebt das Volk sie mit der Liebe des Vaters zu seinem Kinde. Es verzeiht Josephine alles, es gibt ihr nach wie den Launen eines Kindes. Nur in einem Punkt ist das Volk unerbittlich, und das führt auch in dieser Erzählung zur Wendung. Josephine will nicht arbeiten. Sie will vom Volke ausgehalten werden. Und sie kämpft darum mit allen Mitteln, auch dem der Drohung. Ja, sie geht sogar so weit, die Koloraturen kürzen zu wollen. Und nun läßt Kafka die erzählende Maus sagen: „Ich weiß nichts von Koloraturen, habe in ihrem Gesang niemals etwas von Koloraturen gemerkt. Josephine will aber die Koloraturen kürzen, vorläufig nicht beseitigen, sondern nur kürzen. Sie hat angeblich ihre Drohung wahr gemacht, mir allerdings ist kein Unterschied gegenüber ihren früheren Vorführungen aufgefallen. Aber nachher hat sie doch wieder erklärt, sie werde die Koloraturen nächstens doch wieder vollständig singen …" Nun, das Volk hört über alle diese Erklärungen, Entschlüsse und Entschlußänderungen hinweg, wie ein Erwachsener in Gedanken über das Plaudern eines Kindes hinweghört, grundsätzlich wohlwollend, aber unerreichbar. Und dabei bleibt es. Josephine hört mit dem Singen schließlich auf, verschwindet und bleibt verschwunden … „Aber das Volk zieht weiter seines Weges."

„Sie ist eine kleine Episode in der ewigen Geschichte unseres Volkes."

So verschlingen sich hier die verschiedenen Sinnlinien in der Dialektik „Kunst und Volk", stoßen immer wieder verblüffend zusammen und geraten gerade bei diesen Zusammenstößen in solche Beleuchtung, daß sie sich voneinander abheben und nach Ursprung und Zielrichtung hin verfolgt werden können. Es ändert, wie gesagt, an dieser Situation nicht viel, wenn statt an Kunst hierbei an Religion gedacht wird, wenn man an die Stelle des Künstlers den Talmudgelehrten setzt.

Sinn und Distanz

Diese Art der Betrachtung aber weist über das Gebiet der Kunst hinaus. Humor ist eben mehr als lediglich eine Form der dichterischen Darstellung. Er ist eine Form der Weltbetrachtung überhaupt. Die Humor-Beziehung zum Geschehen hat einen ganz bestimmten sittlichen Rang; oder um es mit einem heute üblichen Wort zu sagen: Humor ist ein existentielles Phänomen.

Immer haben wir Menschen es vorerst mit Bewußtseins-Inhalten zu tun. Sie sind uns gegeben, aber wir tun auch etwas mit ihnen. Ob das, was wir mit den Bewußtseins-Inhalten tun, wozu wir sie also verarbeiten, auch schon in versteckter oder fordernder Weise – im Gegebenen selber vorhanden ist, steht momentan nicht zur Diskussion. Es genügt festzustellen, daß wir etwas mit den Bewußtseins-Inhalten tun, mag dies nun spontan geschehen oder eine Reaktion auf ein Forderndes sein. Dieses Tun besteht nun immer darin, daß wir in dem Gegebenen eine Einheit suchen (oder auch schaffen; das ist aber wieder eine erkenntnistheoretische Frage, die wir hier außer Beachtung lassen können). Wir suchen Einheit, immer Einheit, weil dies das Wesen des Geistes ist.

Entweder ist diese Einheit eine Einheit der Gestalt, die auf den Mannigfaltigkeiten der Sinnesempfindungen und ihrer Gefühlsresonnanz aufgebaut ist. Das ist die Einheit des Kunstwerks.

Oder sie ist die Einheit des funktionellen Zusammenhangs, eine Einheit, die die Gegenwart mit der Vergangenheit verbindet. Das ist die Einheit der wissenschaftlichen Naturerkenntnis.

Oder sie ist die Einheit des „Sinnes". Wir suchen den Sinn. Den Sinn eines Zeichens, den Sinn einer Rede, den Sinn eines Geschehens, den Sinn der Welt.

Ein Bewußtseins-Inhalt hat Sinn, wenn er ein konstruktiver Teil einer umfassenderen Einheit ist; „konstruktiv“ heißt, daß er nicht nur ein Teil dieser weiteren Einheit ist, sondern diese Einheit zusammen mit anderen konstituiert, so daß also diese Einheit erst durch ihn (aber nicht nur durch ihn) zu einer Einheit wird; der Bewußtseins-Inhalt hat jedoch auch dann Sinn, wenn nur die Möglichkeit besteht, daß er konstruktiver Teil, also wesenhaft zugehöriger, unabdingbarer Teil dieser höheren Einheit wird.

Ein Zeichen, eine Rede hat Sinn, wenn ich die umfassendere Einheit erkenne, welche durch dieses Zeichen, durch diese Rede konstituiert wird. Eine Tat hat Sinn, wenn es eine umfassende Einheit gibt, für welche diese Tat eine konstruktive Voraussetzung ist. Und die Welt hat Sinn, wenn ich glaube, daß das mir erkennbare Weltgeschehen konstruktiver Teil einer umfassendsten Einheit ist. Immerfort und überall suchen wir den Sinn. Wir geben dem gegebenen Bewußtseins-Inhalt keine Ruhe, oder besser, er läßt uns keine Ruhe, bis wir den Sinn erfaßt haben; das bedeutet aber, jene umfassende Einheit erfaßt haben, in welcher dieses Vordergrund-Geschehen seinen Platz als konstruktiver Teil dieser Einheit hat. Dieses Finden des Sinns geschieht stufenweise; ein Geschehen hat

Sinn, wenn wir die nächsthöhere, umfassendere Einheit finden. Aber hinter jeder Einheit steht wieder die Frage nach deren Sinn, das heißt nach der höheren Einheit.

Die Frage nach dem Sinn bleibt oft unbeantwortet; wir finden den Sinn nicht. Aber was weit wichtiger ist, vieles, was sinnvoll erschien, offenbart sich später als sinnlos. Das heißt, es erweist sich, daß die ursprüngliche Annahme, ein bestimmtes Geschehen sei konstruktiver Teil einer höheren Geschehens-Einheit, falsch war; entweder gibt es diese höhere Einheit überhaupt nicht, oder das gegebene Geschehen ist kein konstruktiver Teil dieser höheren Einheit.

Sehr oft begnügen wir uns im Leben mit einer Sinngebung, die sich nachher als falsch erweist; sie ist entstanden auf Grund einer oberflächlichen, voreiligen, unvollständigen oder leichtsinnigen Betrachtung des Geschehens.

Es gibt nun eine Art des Zusammenbruchs des scheinbaren Sinns einer Rede oder eines Geschehens, bei der es mit einem Schlage – mitunter auch mit mehreren staccatohaften Schlägen – klar wird, daß dieser Sinn nur scheinbar war, bei der sich uns plötzlich erhellt, wie es zu diesem scheinbaren Sinn, der sich nun als Unsinn erweist, gekommen ist. Hier leuchtet sozusagen der Sinn einer bestimmten Sinnlosigkeit auf. Dies aber ist die Funktion des Humors. Er deckt falsche Einheiten auf und gibt nun plötzlich oder ruckweise Einblick in die Entstehungsgeschichte des nun sinnlosen Seins. Er zerreißt die falsche Einheit durch Herausstellung eines eklatanten Widerspruchs; ja, er arrangiert geradezu Situationen, in denen dieser Widerspruch besonders kraß hervortritt, bei denen uns der Einblick in den Unsinn des Sinns und damit in den Sinn des Unsinns plötzlich oder in überraschenden Stößen offenbart wird. Das liegt schon im kleinen, in der Technik des Witzes, bei dem die scheinbare Einheit einer Wortbedeutung oder einer Situation durch den plötzlichen Einblick in deren doppelte Bedeutung zerrissen wird. Analoges geschieht – auf höherer Ebene in der humorvollen Darstellung. Hier wird, wie bei der Betrachtung der kafkaschen Weise des Erzählens klar geworden ist, ein Geschehen in mehrfache Sinnlinien aufgelöst, diese Sinnlinien werden dann in Situationen gebracht, in denen sie in schärfsten Widerspruch geraten, in einen Widerspruch, der nun seinerseits wieder dadurch geklärt wird, daß sich gerade durch ihn die Sinnlinien scharf voneinander abheben. Der Widerspruch wird gleichsam durch seine Entstehung geklärt und damit aufgehoben. Humorvolle Betrachtung ist demnach Einblick. Dieser Einblick ist gleichzeitig aber auch ein Durchblick. Indem der Betrachter durch die verwirrte Situation hindurchblickt, deckt er die verschiedenen Sinnlinien auf, die zu diesem Wirrwarr geführt haben. Doch nicht nur ein Durchblick ist sie, sondern auch ein Überblick. Und das ist das Entscheidende. Der Zusammenhang ergibt sich aus dem größeren Horizont, in dem sich das Geschehen nun abspielt, und der größere Horizont wird erreicht, wenn ein größeres Terrain überblickt wird. Dies geschieht, indem der Beschauer die Landschaft des Geschehens von einem höheren Ort aus überblickt, und diese Betrachtung von einem höher gelegenen Blickpunkt aus bedeutet gleichzeitig eine größere Distanz zum Geschehen. Der Bewußtseins-Inhalt, der verwirrend und fraglich geworden ist, wird in eine umfassende Einheit eingereiht, die erst durch den Überblick – aus der Entfernung also – klar wird. Zwischen Sinn und Distanz besteht mithin eine direkte Proportion: je größer die Distanz, desto größer die Übersicht, desto umfassender die höhere Einheit, desto tiefer der Sinn oder mindestens desto einleuchtender der Einblick in die Entstehung des Unsinns. Die größere Entfernung also ist es, die die Verwirrung entwirrt. Seltsamerweise ist es aber auch umgekehrt, und hier liegt das eigentliche der Humorleistung: Das paradoxe Geschehen selber schafft die Distanz, es schnellt den Betrachter gleichsam in die Höhe, aus der erst die Lösung der paradoxalen Situation möglich ist.

Freilich, nicht jede Verwirrung und nicht jeder Widerspruch hat diese Wirkung. Hier eben liegt die Kunst der humorvollen Darstellung, solche Situationen zu schaffen und vor allem so darzubieten, daß sie den Betrachter auf den Übersichtspunkt hinaufheben und ihn damit zum Distanz-Betrachter machen.

Wie diese Situationen beschaffen sind und welches die Darstellungsmittel sind, läßt sich erkennen, wenn man das Kärrnerwerk auf sich nimmt, durch den einheitlichen Zauber der Darstellung hindurch ihrer Struktur nachzuspüren, in der Kunst also deren Technik zu suchen. Und da zeigt es sich dann, daß es immer darauf ankommt, Situationen zu schaffen, die so gegensatzgeladen sind, daß sie kaum noch haltbar erscheinen, Situationen, die bereits jene Sprungfedern enthalten, die den Betrachter zur Distanzhaltung des Humors emporzuschnellen vermögen.

Mittel

Es wurden bereits an anderer Stelle einige Mittel angeführt, die es dem Dichter ermöglichen, zur reinen Gestalt und zur höheren „Sphäre" vorzudringen: Erweiterung des Horizonts, Übersetzung der Gestalt in anderes Anschauungsmaterial usw. Die Betrachtung des Humors wirft auf diese Mittel ein neues Licht. Die Erweiterung des Horizonts ist – wie eben dargelegt – eine der wesentlichsten Wirkungen der Humorbetrachtung. Nichts vermag mit solcher Schnellkraft eine größere Aussicht und weitere Übersicht zu erzeugen als der Humor.

Zu den verschiedensten Arten der Übersetzung der Gestalt in anderes Anschauungsmaterial – die Traumwelt, die Tierwelt, die irreale Welt usw. – bringt der Humor eine für Kafka besonders typische Art hinzu: die „bürokratische Transponierung". Die Darstellung der Transzendenz durch einen Beamtenapparat gibt dem Dichter die Möglichkeit, das Unbegreifliche und Unzugängliche durch eine wahrhaft ganz entgegengesetzte Welt, die ihrerseits aber auch durch Unbegreiflichkeit und Unzugänglichkeit ausgezeichnet ist, mit „Humor-Distanz" darzustellen.

In die Reihe der Humortitel gehören bei Kafka auch die Doppelwesen, die in der Rolle von Wächtern, Aufsehern, Gehilfen, Boten, Vagabunden fast in jeder Erzählung auftreten. Sie tragen schon in ihrer Rolle das Wesen des Humors: Eine Zweiheit, die als Einheit erkannt wird – sie haben immer eine einheitliche Aufgabe, die immer wieder in Zweiheit zerfällt. Kafka erhöht die Wirkung noch dadurch, daß sich diese Doppelwesen sehr seltsam benehmen, gar nicht als erwachsene Menschen, eher wie Kinder, wie ungezogene, dumme verspielte Kinder und doch empfindet man sie – darin liegt der große Gegensatz – als Abgesandte einer anderen Welt. Bei all ihrer Dummheit, Ausgelassenheit und Kläglichkeit verlieren sie nie diese unerklärliche geheime Wirkung: sowohl die beiden Gehilfen im Schloß, als auch die beiden Verhafter, noch mehr die beiden Henker – immer sind sie gleich angezogen, die Henker „in Gehröcken, bleich und fett, mit scheinbar unverrückbaren Zylinderhüten" –, und nicht zu vergessen: die beiden Ping-Pong-Bälle, von denen „Blumfeld, ein älterer Junggeselle", verfolgt wird.

Ins Gebiet des Humors gehören schließlich auch die typischen stilistischen Mittel Kafkas: die Antithese, die Umkehrung, die Überraschung, und insbesondere die Übertreibung, die Übertrumpfung und die Selbstübertrumpfung.

Sie haben bei Kafka eine sehr charakteristische Form. Er führt einen Gedankengang bis an die

Grenze und hier an der Grenze macht er plötzlich eine Wendung um 180 Grad und hebt damit gleichzeitig das Ganze wieder auf; so wird die Übertreibung zur Übertrumpfung. In den Briefen ist das besonders deutlich. In den Milena-Briefen findet sich eine Stelle, an der er selber von Übertreibungen spricht:

„Alles ist Übertreibung. Nur die Sehnsucht ist wahr, die kann man nicht übertreiben. Aber selbst die Wahrheit der Sehnsucht ist nicht so sehr ihre Wahrheit, als vielmehr der Ausdruck der Lüge alles Übrigen sonst. Es klingt verdreht, aber es ist so."[75]

Folgende Stelle zeigt das großartige Vorstürmen zur Grenze, die Steigerung bis zur Umkehrung:

„Ich kann aus Eigenem nicht den Weg gehen, den ich gehen will, ja, ich kann ihn nicht einmal gehen wollen, ich will auch nichts anderes."[76]

Oder man beachte die Umkehrung an folgender Stelle:

„Das sind lauter tief verschlungene Dinge, lösbar nur im Gespräch zwischen Mutter und Kind, hörbar dort vielleicht nur deshalb, weil sie dort nicht vorkommen können."[77]

Eine Traumschilderung schließt mit folgenden Worten:

„Schließlich schrie ich, heiß vor Wut: wenn jemand Milena im Bösen nennt, z. B. der Vater (mein Vater), ermorde ich auch ihn oder mich. Dann erwachte ich, aber es war kein Schlaf gewesen und kein Erwachen.“ [78]

Über die Therapie seiner Leiden schreibt er:

„Übrigens weiß ich entgegen dem Arzt, daß ich, um halbwegs gesund zu werden, nur Ruhe brauche, und zwar eine besondere Art von Ruhe, oder wenn man es anders ansieht, eine besondere Art von Unruhe.“ [79]

Und zum Schluß sei in diesem Zusammenhang jenes erschütterndste aller „letzten Worte“ zitiert, die er zu Doktor Klopstock sagte, als er von ihm eine starke Opiuminjektion verlangte: „Töten Sie mich, oder Sie sind ein Mörder“.

Die Weltanschauung des Humors

Der Humor übertreibt, er hebt die Gegensätze heraus, schärft sie, treibt sie gegeneinander, läßt sie aufeinanderplatzen, bringt sie zur Explosion – aber die Absicht ist, hinter die Gegensätze zu schauen, die Entstehungsgeschichte der Gegensätze sichtbar zu machen. Es kommt somit darauf an, die Verknotung der Sinnlinien zu durchschauen und lächelnd die Verwirrung so zu entwirren. Und jetzt muß sehr deutlich festgestellt werden: der Humor deckt den Unsinn auf, aber er schafft: noch keinen neuen Sinn. Er bringt die Aufklärung des Unsinns – in diesem Sinne könnte man fast sagen: den Sinn des Unsinns, gleichsam einen negativen Sinn –, aber er bringt keinen neuen positiven Sinn. Er zeigt nur, daß die vorgegebene Einheit in Wirklichkeit keine Einheit war, und er zeigt, wie es zu dieser scheinbaren Einheit gekommen ist, doch damit ist eine neue Einheit noch nicht gegeben. Im Schloß wird zwar der Widerspruch der den Menschen ganz erfüllenden Beziehungen zur Transzendenz einerseits und der Vorstellung von einem schlafenden und erotisch zweifelhaften Sekretär, der die Verkörperung dieser Transzendenz ist, andererseits schmerzhaft deutlich, aber das ist noch keine Lösung des Problems der Transzendenz. Und dennoch führt dies nicht zum Nihilismus. Humor steht im Gegensatz zum Nihilismus. Gewiß, der Humor zerstört eine gegebene Einheit, aber es war keine Einheit; er vernichtet den Sinn, aber es war kein Sinn. Zerstörung durch Einblick aber hat erhellenden Charakter. Die Zweiheit, in die der Humor eine gegebene Einheit spaltet, ist eine einleuchtende Zweiheit; und eine einleuchtende Zweiheit ist auf dem Wege zur Einheit. Die Zerstörung eines

Sinnes durch Beleuchtung der Art, wie er zum Unsinn wurde, ist im letzten Grunde sinngerichtet. Nur wer an den letzten Sinn glaubt, hat das Bedürfnis und die Fähigkeit, das Chaos nicht nur zu konstatieren, sondern auch durch die Aufzeigung seiner Genese zu ordnen.

Die Methode, wie diese Ordnung erfolgt, wurde vorhin dargestellt: Einblick durch Überblick, Erweiterung der Übersicht durch Erhöhung des Aussichtspunktes, durch Distanzierung des Beobachters. Das Erlebnis dieses Überblicks, der Einsicht in den Unsinn, ist bereits an sich sinn-optimistisch. Es gibt also – das zeigt diese Erfahrung – einen Weg zum Sinn: den weiteren Umblick.

Aber all dies bedeutet doch nur: der Humor entwirrt die verschiedenen Sinnlinien, er schafft Ordnung unter ihnen, aber er enthüllt nicht die höhere Einheit. Und so gibt es auch keine Endlösung bei Kafka. Die Fragen bleiben offen. Das Problem wird aufgerissen, falsche Lösungen werden entlarvt, zu einer neuen Lösung kommt es nicht. Nur das Erdreich ist aufgelockert; das Sinnmaterial, wenn man so sagen darf, ist durchgeackert und aufgeworfen. Wenige Dichter haben der Menschheit dieses Material so durchgearbeitet vorgelegt. Aber die Lösung selber ist nicht gegeben. Das ist nicht Sache des Humors.

Freilich liegt bereits in dieser Leistung ein großer positiver Wert. Wenn ich etwas zu berechnen suche und in einem bestimmten Stadium einsehe, dass meine Rechnung fehlerhaft ist, und ich außerdem erkenne, wie es zu diesem Fehler kam, habe ich noch nicht das Resultat meiner Rechnung, und es ist noch keineswegs sichergestellt, dass ich es überhaupt erreichen werde. Dennoch ist ein großer Schritt zur Lösung getan.

Der Humor zerstört falsche Einheiten, er erweist scheinbaren Sinn als Unsinn. Diese falschen Einheiten und dieser scheinbare Sinn waren ein Hindernis auf dem Weg zur wirklichen höheren Einheit. Der Humor macht den Weg frei, indem er diese Hindernisse beseitigt.

Humor gegen Haß

Der Humor öffnet den Weg zum Sinn; man begreift lächelnd den vorgegebenen Unsinn und wird frei. Der Humor schafft Distanz und – Luft. Aber er vermag noch mehr: er bessert den Menschen. Er macht ihn objektiv und versöhnlich. Er ist ein Antibiotikum gegen den Hass. Der Humor zersetzt die egoistischen Zieleinheiten des menschlichen Lebens, die ihrerseits das Leben der Gemeinschaft zersetzen. Um bei Kafka zu bleiben: der

Humor beleuchtet aus der ihm eigenen Distanz die Rolle des Künstlers (Josephine), die Sorge um Sicherheit (Der Bau), das egoistische, zu keiner echten Gemeinschaft bereite Leben (Prozess, Blumfeld, ein älterer Junggeselle, und viele andere), den phantasielosen Egoismus des Familienlebens (Die Verwandlung). Religiöse Vorstellungen, Gerechtigkeit, Erotik erscheinen im Licht einer widerspruchsvollen Selbstgenügsamkeit und so fort. Dies alles geschieht durch die im Humor gewonnene Sicht aus der Distanz; von oben betrachtet, verlieren die von ihren kleinen Leidenschaften getriebenen Menschen die Fähigkeit, den Horizont jeweils vollkommen auszufüllen; mit der Beleuchtung von oben entsteht zwischen ihnen ein wohltuender Raum und aus der Distanz erscheinen ihre Aktionen wie die Bewegungen eines Ameisenhaufens oder besser noch wie das Getriebe in einem Kindergarten.

Wie heilsam ist es übrigens, das Gehaben einer kleinen Gesellschaft, etwa in einem Amt, einer Körperschaft oder einem Komitee wie das Treiben in einem Kindergarten zu betrachten! Wer es je versucht hat oder gar eine gewisse Übung darin erlangte, wird mir beipflichten. Plötzlich verlieren Hass und Feindschaft ihren bitteren Ernst, ein Lächeln kommt in unsere Augen, wir verstehen und verzeihen; ja die Menschen werden geradezu sympathisch, wenn man sie als Kinder zu betrachten versteht, wenn man durch den Distanzaspekt Raum zwischen sich und ihnen zu schaffen weiß. Wie verständlich werden dann die Zusammenstöße der verschiedenen „Sinnlinien“, die eben in ihrem Ursprung gar nicht so böse sind als sie erscheinen, wenn sie raumlos-distanzlos aufeinanderprallen.

Es sind ja keine wirklich bösen Menschen in diesem Kindergarten, oder sagen wir fast keine. Sie werden nur von ihren – aus der Ferne betrachtet – nicht gerade imponierenden kleinen Macht-, Eitelkeits- und Erwerbstrieben, die allen gemeinsam sind, gegeneinander gehetzt. Steht man – als Opfer, als Feind, als Mitkämpfer – mitten darin, dann steht man dem Nächsten ohne Zwischenraum gegenüber. Heben wir uns aber durch die humorvolle Betrachtung über die Ebene all dieser Einzelbegegnungen hinaus, übersehen wir die ganzen Sinnlinien, die jeweils zu den kleinen Macht- und Eitelkeitskämpfen führen, dann verstehen wir, werden versöhnlich, lächeln und lachen sogar. Sie sind ja fast alle gleich in ihren Zielen und ihrem Gehaben die Kleinen da unten – und du selber gehörst ja auch dazu.

Das wichtigste Ergebnis dieser Distanzbetrachtung ist nämlich, dass man sich selber mitten in diesem Getriebe sieht. Dies ist ein wunderbarer Nebeneffekt der Überblicksposition des Humors. Es tritt mit ihm eine merkwürdige Spaltung ein: Der Beobachter wird Zum Beobachteten. Humor ist immer selbstkritisch. Die Zweiheit, mit der es der humorvolle Betrachter zu tun hat, wirkt sich in ihm selber aus. Distanz zu den Dingen schafft eben auch Distanz zu sich selber. Sieht man sich nun in diesem Kindergarten der komischen Feindschaften und lächerlichen Kämpfe mit agieren, dann schwindet der Hass – mag die Gegnerschaft auch bleiben.

Es wird oft darauf hingewiesen, dass in dem berühmten Satz: „Liebe deinen Nächsten wie dich selbst" dieses „wie dich selbst" – im Hebräischen „Kamocha" – auch übersetzt werden kann: „denn er ist wie du". Es ist eine alte Frage, wie weit man Liebe zur Pflicht machen kann. Ohne Zweifel kann man es aber zur Pflicht machen, nicht zu hassen. Dann könnte man als wesentliches Ergebnis der Humorbetrachtung die Formulierung wagen: „Hasse deinen Nächsten nicht, denn er ist wie du."

Die der Humorbetrachtung entgegengesetzten Einstellungen sind: die sture und die pathetische Beziehung zu Menschen, Ereignissen und Zielen, beide sind typisch humorlos. Unter der sturen Einstellung ist hier die vollkommene distanz- und übersichtslose Beziehung verstanden: das atemlose und „schwitzende“ Nachjagen nach dem nächsten Ziel ohne Blick nach rechts und links, das Kleben an den Dingen, das Nachlaufen nach der nächsten Chance, Unfähigkeit zur Umsicht und Übersicht, weil eben die Distanz fehlt, die dies erst möglich macht. Hier ist der ausgesprochene Gegensatz zur Humorbetrachtung, verschärft noch dadurch, dass es sich um kleine persönliche Ziele handelt und ein echtes Gegenüber fehlt.

Dies ist aber sehr wohl der Fall bei jener Weltbetrachtung, die hier die pathetische genannt wird. Auch sie ist distanzlos, aber durchaus nicht wahllos. Hier steht man einem wahren Du gegenüber mit seiner ganzen Person. Aber der Moment ist ausgefüllt mit dieser Begegnung; es gibt keine Möglichkeit und auch kein Bedürfnis, irgendeiner Distanzbeziehung, keine Möglichkeit einer Betrachtung von rechts oder links oder von oben. In dem eben erlebten Gegenüber sieht man sich dem All gegenüber, ohne sich in ihm umzublicken und ohne darüber hin zu blicken. Es ist kein Raum für Humor.

Dementsprechend lässt auch der dramatische Dichter seine Helden unmittelbar agieren, er selber tritt ganz zurück, während der Humor-Erzähler zwischen den Personen Distanz schafft, selber in Distanz zur Erzählung steht und den Leser mitnimmt. In diesem Abenteuer des plötzlichen oder allmählichen Einblicks der Verwirrung und Entwirrung an der Hand des führenden Erzählers liegt die Ursache für die Freude am Humor.

Es liegt nicht im Wesen der Humorbetrachtung, sich für die Bessere oder gar für die allein Richtige zu halten. Sie kennt die entscheidende Rolle der Begegnung; sie empfiehlt sich selber nur als Kontrolle und Kritik, als Wegbereiter. Sie weiß, dass zur wahren Liebe und zur echten Tat nur der pathetische Blick führt. Der Weg des Humors aber führt zur Aufhebung des Hasses und zur Güte. Das ist der Ernst des Humors. Kafka ist uns ein Zeuge.

Der Messias wird kommen, (bis) sobald der zügelloseste Individualismus des Glauben möglich ist.

Franz Kafka[1]

Der Messias wird erst kommen, wenn er nicht mehr nötig sein wird (…)

Franz Kafka[2]

Nachwort von Axel Grube

Das vorliegende Buch Humor und Religion im Leben und Werk Franz Kafkas wurde erstmals 1957 in Berlin veröffentlicht und war lange Zeit nur antiquarisch zu beziehen. Felix Weltsch hat es in den fünfziger Jahren in Jerusalem verfasst. Ein Text mit ähnlichen Gedanken: Religiöser Humor bei Franz Kafka, war bereits 1948 in dem Buch von Max Brod, Franz Kafkas Glauben und Lehre, als Anhang erschienen.

Seit der gemeinsamen Flucht aus Prag lebte Felix Weltsch mit seiner Familie in Palästina, bzw. Israel. In der Nacht vor dem Einmarsch der deutschen Truppen in die Tschechoslowakei, am 15. März 1939, gelang ihnen in einer Gruppe von 150 weiteren Flüchtlingen, darunter auch Max Brod mit seiner Familie, die Flucht. Es war die letzte Möglichkeit mit dem Zug das Land zu verlassen. Die Zurückgebliebenen erwartete der gewaltsame Tod. Die drei Schwestern Franz Kafkas, Ottla, Valli und Elli, wurden später nach Theresienstadt deportiert und in Auschwitz ermordet.

In Jerusalem arbeitete Weltsch als Bibliothekar an der National- und Universitätsbibliothek. Später trat er die Nachfolge Hugo Bergmanns als Direktor des Instituts an. In engem Kontakt mit Max Brod, veröffentliche er Schriften zu Franz Kafka und philosophische Werke. Kurz vor seinem Tod, Felix Weltsch starb am 9. November 1964 in Jerusalem, erschien sein Spätwerk Sinn und Leid.

Felix Weltsch wurde am 6. Oktober 1885 in Prag geboren. Er war das erste von vier Kindern. Seine Eltern Louise und Heinrich Weltsch waren Inhaber eines Tuchhandels, der Firma Salomon Weltsch und Söhne. Der Vater, ein, wie Kafka beschrieb, *ausgesprochen kunstsinniger und gastfreundlicher Mann*, stammte aus einer angesehenen jüdischen Familie; Salomon Weltsch, der Großvater, war Oberkantor der Klaus-Synagoge und Ehrenvorsitzender des Synagogenvorstandes.

Wie auch Kafka, besuchte Weltsch die Piaristen Volkschule und das Altstädter-Gymnasium. Er war eine Klasse unter dem Jahrgang seines späteren Freundes. 1903, etwa zum Ende der Schulzeit, lernten sich Weltsch und Kafka über ihren gemeinsamen Freund Max Brod näher kennen. Weltsch studierte ebenfalls Jura, schloss das Studium 1907 mit einer Promotion ab, wandte sich aber bald darauf der Philosophie zu. Im Jahr 1911 erwarb er in diesem Fach seinen zweiten Doktorgrad.

Im Jahr 1914 heirateten Felix Weltsch und Irma Hertz (1892-1938). 1920 wurde die gemeinsame Tochter, Ruth, geboren. Im Brotberuf arbeitete Weltsch von 1910 bis 1938 als Bibliothekar; daneben leitete er die Redaktion der SELBTWEHR, einer in Prag erscheinenden, zionistischen Wochenzeitschrift. Kafka war Abonnent und Leser des Blattes.

> *Theoretisch gibt es eine vollkommene Glücksmöglichkeit: An das Unzerstörbare in sich zu glauben und nicht zu ihm zu streben.*
>
> Franz Kafka, Aphorismen[3]

> *Verstecke sind unzählige, Rettung nur eine, aber Möglichkeiten der Rettung wieder soviele wie Verstecke.*
>
> Franz Kafka, Aphorismen[4]

Felix Weltsch gehörte mit Max Brod und Oskar Baum beinahe zwanzig Jahre lang zum engsten Freundeskreis Franz Kafkas. Von einem *unbe-*

schwerten Verhältnis geistiger Intimität zwischen Weltsch und Kafka spricht Ernst Pawel in seiner Kafka Biographie: *Er (Weltsch) war außerordentlich begabt, vielseitig und gewissenhaft, von den vieren nicht nur der am umfassendsten Gebildete, sondern sicher auch der logischste Denker. Er sollte später zu einem der wichtigsten Exponenten des modernen Judentums werden, blieb aber immer bescheiden und schüchtern bis zur Selbstverleugnung. In dieser Hinsicht war er Kafka nicht unähnlich, wirkte so zaghaft wie dieser und maskierte seine oft heftigen selbstzerstörerischen Impulse mit dem gleichen trockenen Humor. Kafka und Weltsch glichen sich sogar körperlich: beide waren über einsachtzig groß und schlank, und ihr Gang war so ähnlich, daß sie aus der Entfernung oft miteinander verwechselt wurden. Wichtiger als jede äußerliche Ähnlichkeit war jedoch das unbeschwerte Verhältnis geistiger Intimität, das sich zwischen ihnen entwickelte: ein luxuriöses Geschenk für die beiden sonst so scheuen und zurückhaltenden Individualisten. Kafka lachte nie so oft und gern wie in der Gegenwart Weltschs ...*[5]

Freundschaft ist ein tragendes Motiv in den Schriften Kafkas. In den Erzählungen DER PLÖTZLICHE SPAZIERGANG oder DIE STÄDTISCHE WELT etwa, zeigt es, als Gegenbild zur familiären Situation, die

Möglichkeit unbedingter Annahme und befreiender Redlichkeit auf. Es bedarf h i e r keiner Interpretation, das Bild ist deutlich gezeichnet; und es ist sicher auch keine haltlose Spekulation, diese Bedeutung von Freundschaft, im Zusammenhang mit Kafkas persönlichen Erfahrungen zu sehen: 24. *XII (1911) So. Gestern war es lustig bei Baum. Ich war dort mit Weltsch. Max ist in Breslau. Ich fühlte mich frei, konnte jede Bewegung bis zu ihrem Ende ausführen, ich antwortete und hörte zu wie es sich gehörte, machte am meisten Lärm und sagte ich einmal eine Dummheit, so wurde sie nicht Hauptsache, sondern war gleich fortgeschwemmt. Ebenso war der Nachhauseweg mit Weltsch im Regen, trotz Pfützen, Wind und Kälte vergieng er uns so rasch, als wären wir gefahren. Uns beiden tat es leid, Abschied zu nehmen.*[6]

Führt man sich die Zeugnisse der lebendigen Freundschaft Franz Kafkas mit Felix Weltsch und Max Brod vor Augen, wird man zugleich verwundert auf eine gewisse Tendenz zur Verdrängung, ja Herabminderung der Freunde in der Rezeptionsgeschichte blicken. Das ‚Deutungsmonopol' Max Brods und besonders die ‚religiöse Lesart' der Freunde, hat diese, ausgehend von dem Urteil einiger maßgebender Biographen, beinahe unmöglich gemacht. Dabei ist es vor allem der ‚Kafka der

Aphorismen', der, gemeinsam mit den Freunden, in den Hintergrund gedrängt wurde. Die späteren Schriften Max Brods und Felix Weltschs können als Fortsetzung eines Gesprächs mit Kafka betrachtet werden, zu Fragen, die für ihn von grundlegendem Interesse waren und in den Aphorismen ihren besonderen Ausdruck fanden. Allein schon die Tatsache der von Kafka selbst besorgten Zusammenstellung der Aphorismen, der Ausdruckswille des sonst so Selbstkritischen und Vorsichtigen, zeigt, daß man dieses grundlegende Denken nicht etwa mit dem Wort von der *weltanschaulichen Phase in Zürau* abtun kann.

Eine frühe Veröffentlichung des philosophisch geschulten Weltschs, GNADE UND FREIHEIT, (1920) gab Gelegenheit zum Gespräch. Das Buch entstand aus einer Reihe von Vorträgen zur Ethik und Religionsphilosophie, die Weltsch in einem Prager Club hielt und die Kafka einige Male besuchte: *Lieber Felix, nur kurz zum Beweis des Eindrucks, den deine Kurse auf mich machen, ein heutiger Traum: Es war großartig, d.h. nicht mein Schlaf (...) auch nicht mein Traum, aber deine Tätigkeit darin.*[7]

Die philosophische Form des Freundes mag Kafka nicht ganz entsprochen haben; mit den Grund-Fragen des Buches aber war er auf seine Weise intensiv beschäftigt und stand darüber im regen Dialog mit Weltsch. Kafka las die Druckfahnen von GNADE UND FREIHEIT Korrektur, gab Anregungen und machte Verbesserungsvorschläge. *Als Erbauungsbuch – und das ist ja viel mehr als ich dachte – bedeutet es mir viel und wird mir viel bedeuten*[8], schrieb er an den Freund. Auch im Hinblick auf die gemeinsame Thematik, ist es so sicher nicht übertrieben, von einer ‚Seelenverwandschaft der Freunde' zu sprechen; dass Freunde auch in einer solchen Nähe, nicht immer gleicher Meinung sein müssen, – Kafka etwa stand der zionistischen Position Weltschs ambivalent gegenüber, – versteht sich von selbst. Manfred Voigts schreibt in seinem Vorwort zu SINN UND LEID: *Es ist die unübersehbare Stärke von Felix Weltsch, die Widersprüche der Welt nicht wegzudiskutieren, sondern in aller Klarheit und Schärfe zu analysieren und auszuhalten. Auch wenn Kafka seine philosophischen Wege nicht gehen konnte, war hier zweifellos eine Ähnlichkeit gegeben, die beide eng verband.*[9]

Der Gedanke der Koinzidenz oder Komplementarität von Humor und Religiösität, den Weltsch in dem vorliegenden Band verfolgt, ist in diesem Zusammenhang von ebenso fruchtbarer wie verdrängter Valenz, denn er berührt die Grundfrage nach dem **theurgischen Vertrauen** Kafkas. Hierbei ist die Erinnerung von so etwas wie dem Grundton, der Grundstimmung der Persönlichkeit, das Nachempfinden eines ‚Geschmacks des Denkens' von entscheidender Bedeutung, – und darin kann man doch den engsten Freunden, denen, die Franz Kafka beinahe über zwanzig Jahre erlebt haben, die mit ihm gearbeitet, gestritten und gelacht haben, die erste Zeugenschaft nicht so eilfertig absprechen: *Max Brod hat in seinen Schriften über Kafka mit starkem Nachdruck auf Kafkas Humor hingewiesen. Es ist tatsächlich auch für alle, die Kafka persönlich gekannt haben, ganz unmöglich, diese Seite seines Wesens zu übersehen, ja mehr noch, in ihr nicht eine wesentliche Seite seines Wesens zu erblicken. Wie sein Blick ein Lächeln war, war seine Rede Humor. Er sprach aus allen Bemerkungen, allen Urteilen (...) Selbst in den so ernsten und leidenschaftlichen Briefen an Milena lebt dieser Humor, mag es auch häufig ein bitterer Humor sein, der sehr oft an Selbstironie grenzt. (...)*

Gewiss, das ist nicht Humor im Sinne von Lustigkeit und leichter Unterhaltung, es ist ein ernster Humor und deshalb gerade kann er in Kafka Schaffen mit Religion verknüpft werden. Dass dies keine disparaten Begriffe sind, erfahren wir in fast allen seinen Dichtungen. Und so mag nun die Feststellung erlaubt sein, dass das wahre Wesen Kafkas als religiöser Humor bezeichnet werden kann. Dass die Dichtung Kafkas erfüllt ist von Humor, dass jeder Gedanke Humor atmet – dieser Erkenntnis kann sich wohl niemand – trotz der düsteren Athmosphäre – entziehen.[10]

So mag die Wiederveröffentlichung dieses Buchs von Felix Weltsch, später auch seines Frühwerks Gnade und Freiheit aus dem Jahr 1920, sowie der Bücher Max Brods zu Kafka, – dazu beitragen, die reiche Erinnerungsarbeit der letzten Jahrzehnte, noch einmal in einem grundlegenden Bezug wahrnehmen und befragen zu können.

> *Die Sage versucht das Unerklärliche zu erklären; da sie aus einem Wahrheitsgrund kommt, muß sie wieder im Unerklärlichen enden.*
>
> Franz Kafka[11]

Gerade das Moment der Unausdeutbarkeit hat möglicherweise zu der notorischen Tendenz von ‚Lesarten' und Deutungsideologemen in der Rezeptionsgeschichte Kafkas geführt.

Hans-Gerd Koch berichtet in seiner Interpretation von Ein Bericht für eine Akademie[12], – in der er sich eigentlich einer eigenen Deutung enthält und einen exemplarischen Abriss der Deutungsgeschichte dieser Erzählung gibt, – von einem ‚Moratorium' der Kafka-Auslegung, zu dem Horst Steinmetz im Jahr 1982 angeregt hatte; er zitiert: *Die unzähligen, ja unzählbaren Deutungen, Interpretationen, Analysen, die in den letzten fünfzig Jahren Kafka gewidmet worden sind, haben unsere Kenntnis über diesen Autor und sein Œuvre unendlich vermehrt; und doch ist es, als ob die Werke daraus gleichsam unberührt hervorgegangen wären, als ob wir dem Kern ihres Wesens nicht näher gekommen wären.*[13]

Kafka selbst allerdings hat, schon innerhalb der Texte, mit ‚zeitgenössischen' Deutungsmotiven g e s p i e l t ; beim Laut-Lesen der VERWANDLUNG, beim Auflachen, (das Laut-Lesen scheint mir immer noch die beste ‚Lesart' für Kafka zu sein), waren mir etwa psychoanalytische Körperbilder oder auch Karikaturen gewahr geworden. Es ist dies aber eben ein spielerischer, ein ironischer (und doch ernst gemeinter), mit einem Wort: humorvoller Einsatz von Bildern, weit entfernt von dem Drang, in der einen oder anderen Richtung, die gültige Erklärung oder den ‚Schlüssel' zum Verständnis aufzeigen zu wollen.

Entsprechend einer kabbalistischen Erzählung, gibt es ja sicherlich ‚Schlüssel' – und es gibt auch die dazu passenden Schlösser; aber diese sind auf immer vertauscht und unmöglich zuzuordnen. Und so bemerkt Hans-Gerd Koch, zunächst, wohl zurecht: *Letzlich heißt dies Abschied nehmen von der Vorstellung, daß die Interpretation eines Kafka-Textes gleichzusetzen ist mit der Entschlüsselung eines verborgenen Sinns, der Entdeckung einer Kernaussage oder gar der gleichnishaften Darstellung eines Modells der Wirklichkeitsbewältigung. Die Deutungsgeschichte des Berichts für eine Akademie zeigt, dass ‚Verstehen' sich als unaufhörlicher Prozeß vollzieht, daß dem Text als Kunstwerk keine feste, unveränderliche und exakt bestimmbare Bedeutung ‚innewohnt'. Jede neue Deutung geht von einem neuen Verstehensrahmen aus und schafft damit neue Bedeutungen. Der Subjektivität und Individualität dieses Vorgangs sollten sich sowohl der Interpret als auch der Rezipient von dessen Interpretation bewußt sein.*[14]

Ist aber damit zugleich für immer auch die Unmöglichkeit gegeben, danach zu fragen, was Kafka, etwa in dem obigen Zitat, mit *Wahrheitsgrund* bezeichnet hat? Gibt nicht schon diese kleine Sentenz aus dem Oktavheft G, den grundlegenden Geschmack einer Komplementarität wieder, eines Widerspiels zwischen der Unausdeutbarkeit des Bekannten und der Vergewisserung im Unbekannten. Ein Ineinander und Zugleich von Paradox und Glauben, daß durch Verdrängung und Malifikation des einen Moments, unmöglich wurde, und seinen *religiösen Humor* verloren hat?

> *Der Weg ist unendlich, da ist nichts abzuziehen, nichts zuzugeben und doch hält doch jeder noch seine eigene kindliche Elle daran. »gewiß auch diese Elle Wegs mußt du noch gehn, es wird dir nicht vergessen werden.*
>
> Franz Kafka[15]

> *gedicht, interpretation: wer die bäume zählt, vermehrt die bäume; wer die bäume vermehrt, macht den wald tiefer.*
>
> Franz Josef Czernin[16]

Im Sinne dieser Aphorismen wäre ein ‚Moratorium' der Kafka-Auslegung nicht nötig. Weitere *Deutungen, Interpretationen, Analysen und die Vermehrung der Kenntnisse* müssten nicht *zwangsläufig die Werke daraus gleichsam unberührt hervorgehen lassen, als ob wir dem Kern ihres Wesens nicht näher gekommen wären.*

Die Möglichkeit der unendlichen Annäherung in der Korrespondenz von subjektivem, individuellem Verständniss und der Frage nach dem, was Kafka *Wahrheitsgrund* nannte, ein Verstehen (...) als *unaufhörlicher Prozeß*[17] in dem komplementären Wechselspiel von Paradox und Glauben, ist in dem Werk Kafkas selbst aufgeführt, ja, ist womöglich ein Teil des Kerns seines Wesens. Stephane Moses: *Die grenzenlose Plastizität der Wahrheit, die für Scholem in Kafkas Werk zum Ausdruck kommt und die zugleich auch das Wesen des jüdisch-mystischen Offenbarungsbegriffes ausmacht, ist vielleicht der tiefliegende Grund jener oft besprochenen Eigenart der Kafkaschen Texte, sich fast endlos deuten zu lassen, und sich dabei jeglicher endgültigen Deutung zu entziehen. Als hätte Kafka den Prozess des endlosen Suchens zum Formprinzip seines eigenen Werkes erhoben; als reflektierten seine Texte selber den unendlichen Prozess ihrer eigenen Interpretation.*

Aber weder unser Wissen noch unser Handeln gelangt in irgend einer Periode des Daseyns dahin, wo aller Widerstreit aufhört, wo Alles Eins ist; die bestimmte Linie vereiniget sich mit der unbestimmten nur in unendlicher Annäherung.

Friedrich Hölderlin[18]

poesie: dass die wiederholung von bekanntem das unbekannte hervorufen kann! durch seine wiederholung kann sich ein wissen in jene ahnungen verwandeln, auf denen es beruht.

Franz Josef Czernin[19]

Daß eine ‚Tora', eine Weisung, niemals wieder in direkter Rede sich ereignen kann, sondern im ‚occultus', im paradoxalen, in freier poetischer Form, – aber auf dem Grund eines theurgischen Vertrauens; ist das womöglich das alte Bild einer menschlichen Intuition, das Kafka, in adäquater Form, tatsächlich ‚neu schafft'.

poesie: als ob aus tritt um tritt ins leere eine leiter werden wollte!

Franz Josef Czernin[20]

In der Kultur der mündlichen Überlieferung stehen sich offenbar in ähnlicher Weise Individualität und ‚Wahrheitsgrund' in einer offenen Dialektik, gewissermaßen als kommunizierender Organismus gegenüber. In der ‚oral tradition' gab es keine verpflichtende Werktreue; die Erzählerinnen und Tradenten waren, oder fühlten sich frei, die Motive und Erzählungen nach ihrem Geschmack zu variieren; Erinnerung und Deutung lebte von der persönlichen Färbung in der individuellen Wiederholung. Die Spiegelung der Themen im eigenen Erleben, die Empathie und das Nachempfinden, kann als das erotische Element der Erzähl- und Erinnerungskunst gesehen werden. So haben sich in der Überlieferung, etwa der Märchen oder anderer Erzählungen der Volksliteratur, unzählige Varianten einzelner Motive, Bilder und Geschichten ergeben. Der Grundgeschmack aber, so etwas wie ein ‚Wahrheitsgrund' also, eine gewisse Grundstimmung und, damit einhergehend, Grundzüge der erzählerischen Form, sind über lange Zeiträume und Regionen hinweg, im Wesentlichen gleich geblieben.

In der Verwendung und dem Weiterspinnen, etwa von Motiven der Genesis-Erzählung und der griechischen Mythologie, in dem Anklang des Tonfalls der chasidischen Volksliteratur, und nicht zuletzt in seiner Liebe zum Vortrag und Vorlesen, zeigt auch Kafka sich als Figur einer offenen Erzähltradition. Des theurgischen Zusammenhangs von Erinnerung, Wiederholung und Variation, der ‚Organik' einer Überlieferung, der ‚Kabbala' des Erzählens und der Poesie, war er sich in diesem Zusammenhang durchaus bewußt: *Diese ganze Literatur ist Ansturm gegen die Grenze, und sie hätte sich, wenn nicht der Zionismus dazwischen gekommen wäre, leicht zu einer neuen Geheimlehre, einer Kabbala, entwickeln können. Ansätze dazu bestehen. Allerdings ein wie unbegreifliches Genie wird hier verlangt, das neu seine Wurzeln in die alten Jahrhunderte treibt oder die alten Jahrhunderte neu schafft.*[21]

> *die erfahrung eines wirklichen geheimnisses erzeugt das nächste.*
>
> Franz Josef Czernin[22]

In seiner Wiederholung gewinnt der Begriff des ‚Wahrheitsgrundes' in diesem nichtpoetischen Text leicht wieder die Tendenz zur Beschwörung und einen Geschmack von Kanon und Feststellbarkeit. Es ist aber, – und die Darstellung dessen ist Teil des Reichtums der Deutungen Kafkas, – gerade die kunstvolle Zuspitzung des Paradoxen, die Erschließung des Geheimnisses im Alltäglichen und das ‚Machen' der Unlösbarkeit des Rätsels, die zum ‚Wahrheitsgrund' öffnen, als eines nur im Vertrauen, als Vertrauen erfahrbares. Die Zuspitzung und Kultivation des Geheimnisses im Bekannten wäre so eine Pro-Vokation des Vertrauens.

Karl Erich Grözinger gibt in seiner wertvollen Arbeit Kafka und die Kabbala[23] – meines Wissens erstmalig – den Hinweis auf die Frage nach dem ‚theurgischen Vertrauen' Kafkas. Auch wenn der Autor am Ende Kafka die ‚theurgische Zuversicht' abspricht und ihn gar in die Nähe einer (protestantischen) Gnadenlehre rückt, – *Trägt nicht jeder Interpret schon im Vorhinein seine vorgefaßten Antworten in die Deutung hinein? (Mitunter erfährt man darin mehr über die Person des Interpreten als über Kafka.)*[24] – so ist doch mit diesem Begriff eine verlorene Bezugsmöglichkeit wiederhergestellt. Hier, in der Frage des Vertrauens, in der Frage nach der Möglichkeits des ‚Sprungs', oder auch der ‚Vertrauensentscheidung' (ein Begriff Felix Weltschs aus GNADE UND FREIHEIT), wäre womöglich auch das noch wenig behandelte ‚brüderliche' Verwandschaftsgefühl Franz Kafkas zu Sören Kierkegaard auszumachen: *Es ist mit den Werken der Liebe nicht so, als sei nun hiermit all ihr Wirken aufgezählt und beschrieben, o weit entfernt; nicht als sei selbst das einzelne beschriebene Wirken nun ein für alle mal beschrieben, gottlob, bei weitem nicht!*

Was in seinem ganzen Reichtum wesentlich unerschöpflich ist, das ist auch in seinem geringsten Wirken wesentlich unbeschreibbar, eben weil es wesentlich überall ganz zugegen ist, und wesentlich nicht beschrieben werden kann.[25]

Die Wiederaufnahme der Gedanken Felix Weltschs und Max Brods in das große Gespräch um Kafka, mag sich als wichtige Erinnerung, möglicherweise auch als das ‚missing link' einer so reichen wie ausgrenzenden Rezeptionsgeschichte herausstellen.

Der Mensch kann nicht leben ohne ein dauerndes Vertrauen zu etwas Unzerstörbarem in sich, wobei sowohl das Unzerstörbare als auch das Vertrauen ihm dauernd verborgen bleiben können.

Franz Kafka[26]

Glauben heißt: das Unzerstörbare in sich befreien oder richtiger: sich befreien oder richtiger: unzerstörbar sein oder richtiger: sein

Franz Kafka[27]

Das Unzerstörbare ist eines; jeder einzelne Mensch ist es und gleichzeitig ist es allen gemeinsam,daher die beispiellos untrennbare Verbindung der Menschen.

Franz Kafka[28]

Anmerkungen und Erläuterungen

1 Franz Kafka: TAGEBÜCHER, Bd 1. Fischer (1994) S. 204 f.
2 Franz Kafka: BRIEF AN DEN VATER. Fischer (1992) S. 12 f.
3 ebd. S. 66 f.
4 ebd. S. 67 f.
5 Franz Kafka: TAGEBÜCHER. Bd 3. Fischer (1996) S. 204.
6 Franz Kafka: BRIEFE AN MILENA. Fischer (1999) S. 108.
7 ebd. S. 263.
8 ebd. S. 290.
9 ebd. S. 57.
10 ebd. S. 134.
11 ebd. S. 201.
12 ebd. S. 120.
13 ebd. S. 262.
14 ebd. S. 270.
15 ebd. S. 197 f.
16 ebd. S. 199.
17 ebd. S. 292 f.
18 ebd. S. 228.
19 ebd. S. 47.
20 ebd. S. 30.
21 ebd. S. 268.
22 ebd. S. 217.
23 Franz Kafka: TAGEBÜCHER, Bd 1. Fischer (1994) S. 30 f.
24 ebd. S. 44.
25 Franz Kafka: TAGEBÜCHER, Bd 1. Fischer (1994) S. 264 f.
26 Franz Kafka: TAGEBÜCHER, Bd 2. Fischer (2001) S. 179.
27 Franz Kafka: TAGEBÜCHER, Bd 3. Fischer (1996) S. 65.
28 Franz Kafka: TAGEBÜCHER, Bd 2. Fischer (2001) S. 101.
29 ebd. S. 125.

30 Franz Kafka: Tagebücher, Bd 1. Fischer (1994) S. 195 und S. 253.
31 ebd. S. 177.
32 ebd. S. 242. *Der Mohel ist der geistliche Gemeindebeauftragte, der dieBeschneidung vornimmt.*
33 Franz Kafka: Brief an den Vater. Fischer (1992) S. 45.
34 Franz Kafka : Briefe an Milena. Fischer (1999) S.25 f.
35 Franz Kafka : Briefe an Milena. Fischer (1999) S.294.
36 Franz Kafka: Tagebücher, Bd.1. Fischer (1994) S.168
37 Gustav Janouch: Gespräche mit Kafka. onomato Verlag (2008) S. 57.
38 Günther Anders: Kafka – pro und contra. München C.H. Beck (1951).
39 Franz Kafka: Tagebücher, Bd.3. Fischer (1994) S.189.
40 Joachim Schoeps: Theologische Motive in der Dichtung Franz Kafkas. in: Die neue Rundschau (1951).
41 siehe FN 39
42 Eric Heller: The disinherited mind. Cambridge Bowes & Bowes (1952).
43 Herbert Tauber: Franz Kafka. Zürich Oprecht (1941).
44 H. S. Reiss: Franz Kafka. Heidelberg L. Schneider (1952).
45 Franz Kafka: Beim Bau der chinesischen Mauer.
46 Fischer (2004) S. 180.
47 ebd. S. 233.
48 ebd. S. 234.
49 ebd. S. 237.
50 ebd. S. 236.
51 ebd. S. 238.
52 ebd. S. 245.
53 ebd. S. 245.
54 ebd. S. 248.
55 ebd. S. 240.
56 ebd. S. 242.
57 ebd. S. 194.
58 ebd. S. 248.
59 ebd. S. 232.
60 ebd. S. 228.
61 ebd. S. 234.
62 ebd. S. 231.
63 ebd. S. 239.
64 ebd. S. 230.
65 ebd. S. 230.

66 ebd. S. 243.
67 ebd. S. 234.
68 Franz Kafka: Tagebücher, Bd 3. Fischer (1994) S.163.
69 Gustav Janouch: Gespräche mit Kafka. onomato Verlag (2008) S. 94.
70 Franz Kafka: Beim Bau der chinesischen Mauer. Fischer (2004) S. 228.
71 ebd. S. 228.
72 Franz Kafka: Tagebücher, Bd 2. Fischer (2001) S. 147.
73 Franz Kafka: Briefe an Milena. Fischer (1999) S. 38.
74 ebd. S. 278.
75 ebd. S. 263.
76 ebd. S. 295
77 ebd. S. 234.
78 ebd. S. 191.
79 ebd. S. 113

Anmerkungen zum Nachwort

1 Franz Kafka: Beim Bau der chinesischen Mauer. Fischer (2004) S. 180.
2 ebd. S. 182.
3 Franz Kafka: Beim Bau der chinesischen Mauer. Fischer (2004) S. 239.
4 ebd. S. 232.
5 Ernst Pawel: Das Leben Franz Kafkas. Hanser (1986)
6 Franz Kafka: Tagebücher, Bd 1. Fischer (1994) S.240.
7 Felix Weltsch: Religion und Humor im Leben und Werk Franz Kafkas. onomato Verlag (2008) S. 18
8 ebd. S. 18
9 Manfred Voigts im Vorwort zu Sinn und Leid, Philo Verlag Berlin.125
10 Felix Weltsch, Religion und Humor im Leben und Werk Franz Kafkas. onomato Verlag (2008) S. 85.
11 Franz Kafka: Beim Bau der chinesischen Mauer. Fischer (2004) S. 192.
12 Ein Bericht für eine Akademie, Interpretation von Hans-Gerd Koch, in: Interpretationen, Franz Kafka, Romane und Erzählungen. Reclam.
13 Horst Steinmetz: Negation als Spiegel und Apell. Zur Wirkungsgeschichte Kafkascher Texte, in:Was bleibt

VON FRANZ KAFKA? POSITIONSBESTIMMUNG, Kafka Symposion Wien 1983, unter Mitw. von G. Kranner hersg. von W.Schmidt-Dengler, Wien (1985) S. 156.

14 Hans-Gerd Koch, in: INTERPRETATIONEN

15 Franz Kafka: BEIM BAU DER CHINESISCHEN MAUER. Fischer (2004) S. 234.

16 Franz Josef Czernin: DAS LABYRINTH ERST ERFINDET DEN ROTEN FADEN, Einführung in die Organik, Hanser (2005)

17 Hans-Gerd Koch, in: INTERPRETATIONEN.

18 Friedrich Hölderlin, aus der VORREDE ZUR VORLETZTEN FASSUNG DES HYPERION. SWuB, Band I. S. 557.

19 Franz Josef Czernin, DAS LABYRINTH ERST ERFINDET DEN ROTEN FADEN.

20 Franz Josef Czernin, ebd.

21 Franz Kafka: TAGEBÜCHER, Bd 3. Fischer (1994) S.199.

22 Franz Josef Czernin, DAS LABYRINTH ERST ERFINDET DEN ROTEN FADEN.

23 Karl Erich Grözinger: KAFKA UND DIE KABBALA. philo-Verlag Berlin.

24 Ekkehard W. Haring: WEGE JÜDISCHER KAFKA-DEUTUNG, VERSUCH EINER KRITISCHEN BILANZ. (http://www.kafka.org/index.php?id=194,243,0,0,1,0) abgerufen am 29.05.2008.

25 Sören Kierkegaard: WERKE DER LIEBE, aus dem Vorwort.

26 Franz Kafka: BEIM BAU DER CHINESISCHEN MAUER. Fischer (2004) S.236.

27 ebd. S. 180.

28 ebd. S. 240.